*Sabine Herold (Hrsg.)*
*Bin kaum da, muss schon fort*

*Sabine Herold (Hrsg.)*

# *Bin kaum da, muss schon fort*

*Eltern fehl- und totgeborener Kinder berichten von ihren Erfahrungen*

Brendow
VERLAG + MEDIEN

Bibliografische Information der Deutschen Nationalbibliothek
Die Deutsche Nationalbibliothek verzeichnet diese Publikation in der Deutschen Nationalbibliografie; detaillierte bibliografische Daten sind im Internet über http://dnb.d-nb.de abrufbar.

2., überarbeitete Auflage 2011
ISBN 978-3-86506-343-4

Titelfoto: shutterstock
Die Skulpturen »Bleib Sein Kind« und »Immer geborgen« auf den Umschlaginnenseiten wurden von Dorothea Steigerwald geschaffen.
www.dorothea-steigerwald.de 
Satz: Hans Winkens, Wegberg
Druck und Bindung: AALEXX Buchproduktion, Großburgwedel
Printed in Germany

www.brendow-verlag.de

# *Inhalt*

## *Teil III*
## *Trauern erlaubt!*



## *Anhang*

# *Vorwort zur zweiten Auflage*

Das Buch »Bin kaum da, muss schon fort« hat vielen Frauen geholfen, ihren tiefen Schmerz nach einer erlebten Fehl- oder Totgeburt (oder sogar nach mehreren) wahrzunehmen, zu verstehen, sich diesem zu stellen und sich die notwendige Trauer zu erlauben. Seitdem ich als Pfarrerin in der reformierten Landeskirche in der Schweiz tätig bin, erlebe ich eine immer größere Offenheit in Bezug auf dieses sensible und leider immer noch tabuisierte Thema. Bei Frauentreffen, Frauenfrühstücken, Besuchen, Taufgesprächen oder in der Seelsorge öffnen sich Frauen und berichten mir von ihrem Erleben. Manchmal ist es auch nur eine kurze »Bemerkung am Rande«, die auf das traurige Geschehen verweist. Manchmal wünschen sich Frauen Begleitung, um mit einer Person ihres Vertrauens über ihren Schmerz sprechen zu können.

Als Pfarrerin ist es mir ein Anliegen, Menschen Mut zu machen, ihre schmerzenden Sandkörner anzuschauen und darüber zu reden, damit sie wie in einer Muschel – zwar in einem schmerzhaften Prozess, aber doch Schicht für Schicht – in eine kostbare Perle verwandelt werden können. Gott bietet uns dazu sein Perlmutt an und auch dieses Buch ist für mich inzwischen wie eine Schicht Perlmutt geworden auf dem Weg zu der je eigenen, unverwechselbaren, einzigartigen Lebensperle. Dies wünsche ich mir und allen Leserinnen und Lesern für diese zweite Auflage!

*Sabine Herold*

*Vorwort*

# *Wie alles anfing*

Nicht mehr schwanger, doch nicht schwanger, leerer Bauch, Ent-Täuschung, vorbei der Traum – kein Kind.

Wie viele Frauen verlieren ihr Kind durch eine Fehlgeburt oder Totgeburt! Wie viele warten vergeblich darauf, schwanger zu werden! Für wie viele ist die Geburt mit großen Ängsten verbunden! Wie viele erleben die Geburt wie ein Trauma oder bangen noch wochenlang um das Leben ihres Kindes – zwischen Hoffnung und Resignation! Wie viele nehmen sich nicht die nötige Zeit zum Trauern und Loslassen. Wie viele sprechen nicht darüber!

Wie viele müssen ihr Kind, das in ihrem Bauch, in ihrem Herzen oder in ihrer Vorstellung gewachsen ist, wieder loslassen! Es sind so viele!

Hannah Lothrop schreibt in ihrem Buch »Gute Hoffnung – jähes Ende. Fehlgeburt, Totgeburt und Verluste in der frühen Lebenszeit. Begleitung und neue Hoffnung für Eltern«: »Obwohl schätzungsweise jede vierte oder fünfte Schwangerschaft in einer Fehlgeburt endet (manche Fachleute schätzen sogar, dass jede zweite Frau mindestens einmal im Leben eine derartige Erfahrung macht!) und darüber hinaus ca. jedes 133. Baby in Deutschland entweder tot geboren wird oder den ersten Lebensmonat nicht überlebt, verbannen wir die Vorstellung von dieser Möglichkeit aus unseren Gedanken. Unsere Ängste dürfen sich höchstens in unseren Träumen zeigen« (S. 18).

Nach meiner Fehlgeburt brauchte ich einige Wochen, bis ich den Schmerz überhaupt richtig zulassen und mir die Trauer zugestehen konnte. Das Trauern und Weinen, das Darübersprechen, das Schreiben und Malen taten gut. Und als ich mir erlaubte, mir Zeit zu lassen, fiel eine Last von meinen Schultern.

Ich erlebte einfühlsame Reaktionen von Freunden, Verwandten und Bekannten. Doch ich erlebte auch das andere: dass ich es einigen gar nicht sagen wollte, weil ich Angst hatte, von ihnen durch unangebrachte Antworten oder Floskeln verletzt zu werden.

Ich hatte während dieser Zeit so manches Mal das innere Drängen, diese oder jene Freundin anzurufen und ihr von meinem Verlust zu erzählen. Zu meinem Erstaunen »outeten« sich diese Frauen oft selbst als Betroffene, die ein oder sogar mehrere Kinder durch eine Fehlgeburt verloren hatten. Diese Frauen halfen mir am meisten, da sie genau nachvollziehen konnten, was der Verlust eines Kindes bedeutete. Sie konnten mit-fühlen und nahmen Anteil. Ich wandte mich auch bewusst an Frauen, von denen ich hörte oder wusste, dass sie betroffen waren, und fragte sie um Rat, den ich gerne annahm.

Außerdem ging ich auf die Suche nach christlicher Literatur zu diesem Thema, da für mich ganz klar war, dass ich mich mit diesem Verlust vor allem auch von meinem Glauben her auseinander setzen wollte. Ich fand jedoch nichts. Anderen Frauen erging es genauso.

Nachdem ich meinen persönlichen Trauerweg gegangen war, wuchs in mir das Anliegen, ein Buch zum Thema Fehlgeburten und Totgeburten herauszugeben. Es sollte dabei nicht um eine theoretische Abhandlung, um medizinische Informationen oder Statistiken gehen, die in Fachbüchern oder im Internet nachgelesen werden können, auch nicht um eine Liste mit Tipps, also um ein Nachschlagewerk oder einen »Fehlgeburten-Guide«. Es ging mir nicht darum, nur einzelne Zitate von Betroffenen einzufügen oder die Artikel zu kommentieren und darauf *die* Theorie zum Thema Fehlgeburten aufzubauen, die es meines Erachtens nicht gibt. Ich wollte eine Sammlung mit Berichten von betroffenen Frauen oder Paaren, die ihre eigene Geschichte erzählen, die beschreiben, wie sie den Verlust des Kindes oder der Kinder erlebten, wie sie trauerten, was ihnen am meisten half und wie sie mit dem Schmerz umgingen und diesen in ihr Leben integrierten.

So ging ich auf die Suche nach betroffenen Frauen und Paaren, die bereit waren, den Verlust ihres Kindes zu Papier zu bringen. Ich fragte zuerst die Frauen, die ich schon kannte. Diese fragten wiederum Betroffene, die sie kannten, und so weiter. Ich machte auch zahlreiche Interviews, aus denen weitere Geschichten entstanden.

Wenn ich nun all die Texte vor mir sehe, all diese ganz persönlichen Geschichten, dann kann ich nur sagen: Die Arbeit hat sich gelohnt! Jeder Bericht spricht für sich, entspringt einer persönlichen Geschichte und manchmal einem langen, schmerzhaften Weg. Jede Geschichte ist anders. Jeder Trauerprozess verläuft individuell und doch ähnlich.

Während ich Betroffene fragte, ob sie bei diesem Projekt mitmachen wollten, merkte ich, wie tabu doch das Thema Fehlgeburt ist. Immer wieder erwähnten Frauen, dass sie kaum darüber sprachen und im Moment der Fehlgeburt nicht wussten, dass es unzählige Betroffene gibt. Manche haben mir auch abgesagt, weil es ihnen zu nahe ging bzw. weil sie damit nicht an die Öffentlichkeit treten wollten. Es geht um etwas sehr Persönliches, bei dem mann oder frau nicht schon wieder verletzt werden will. Darum respektiere ich es auch, wenn einige lieber anonym bleiben wollen. Es ist mir wichtiger, dass ihre Geschichte erscheint, wenn auch ohne Namen, als dass ihr wertvoller Beitrag keinen Platz findet.

Warum ist das Thema Fehlgeburten tabu? Was könnten wir tun, dass mehr darüber gesprochen wird, damit Frauen bzw. Paare informiert sind und wissen, dass jedem so etwas passieren kann und sie nicht auf einmal wie aus heiterem Himmel vom Blitz getroffen werden? Wie könnten Gemeinden dazu beitragen, dass Betroffene aufgefangen werden und Hilfe finden? Diese und noch mehr Fragen beschäftigen mich nach wie vor.

Eine Frau aus Kanada, die mir ihre Geschichte auf Englisch erzählte, überraschte mich, als sie sagte: »Wir haben in Kanada inzwischen gelernt, über solche Verluste, über den Tod – auch eines Ungeborenen –, zu sprechen. Wir haben jahrzehntelang die

Erfahrung gemacht, dass es ungesund ist, wenn man es verschweigt und tabuisiert. Heute ist es eher tabu, nicht darüber zu sprechen!« Ob wir wohl auch dahin gelangen?

Nicht jede Frau will darüber reden. Das ist auch okay. Es wird jedoch dann zum Problem, wenn sie gerne darüber sprechen würde, aber aus Angst vor eventuellen Verletzungen schweigt oder die Trauer unterdrückt, weil sie nach zwei Wochen angeblich genug geweint hat, wie es vielleicht eine gut meinende Verwandte bemerkt ...

Mir fällt auf, dass nach einer erlebten Fehl- oder Totgeburt immer wieder Schuldgefühle und Selbstvorwürfe eine Rolle spielen. Eine weitere Schwangerschaft nach einer Fehlgeburt kann mit großen Ängsten verbunden sein.

Jede Schwangerschaft bedeutet, dass ein Kind im Leib der Mutter heranwächst. Umso größer und schmerzhafter ist dann der Verlust des Kindes, ob sehr früh oder auch spät in der Schwangerschaft. Für unseren Verstand ist es natürlich schlimmer, wenn ein Kind in der zweiten Schwangerschaftshälfte oder kurz vor, bei oder nach der Geburt stirbt. Aber nicht unbedingt im Herzen einer Mutter, die ihr Baby verliert.

Dieses Buch soll betroffenen Frauen und Paaren helfen, ihren eigenen Schmerz über den Verlust eines Kindes zuzulassen, sich damit auseinanderzusetzen, ihn auszudrücken und zu wissen, dass es Frauen gibt, die das auch erlebt haben und verstehen, was sie gerade durchmachen. Vielleicht finden sich die einen in dem einen Bericht wieder, andere Betroffene in einem anderen.

Für dieses Buch habe ich auch ganz bewusst Frauen gefragt, von denen ich wusste, dass Gott für sie eine wichtige Rolle spielt, und denen ihr Glaube bzw. ihre Beziehung zu Gott geholfen hat. Gott war damals mein Halt, der, vor dem ich weinen, trauern, klagen, auch anklagen durfte, der mir zuhörte, der mir keine Vorwürfe machte oder mich mit Allgemeinplätzen abspeiste. Er war da. Das tat gut, obwohl der Verlust so unendlich wehtat. Ich bin davon überzeugt, dass Gott und der Glaube als unsichtbare Dimension und Lebenskraft eine neue Tür in der Trauer öffnen und Hoffnung über alle menschlichen und medizinischen Grenzen hinaus geben können.

Ich hoffe, dass viele Frauen und Männer durch die persönlichen Berichte in diesem Buch ermutigt werden und mit neuer Hoffnung aus dem Trauerprozess herauskommen, damit sie auch wieder andere trösten und ermutigen können.

Aber dieses Buch ist nicht nur für Betroffene gedacht, sondern auch für SeelsorgerInnen, GemeindeleiterInnen, Eltern und eigentlich jeden Menschen. Vielleicht hilft es und sensibilisiert, mit Betroffenen, die ein Kind verloren haben – und war es auch noch so klein oder jung und ungeboren –, im Schmerz mitzufühlen und Anteil zu nehmen: auch mit wenigen Worten; durch Da-Sein, durch Zuhören oder auch durch Schweigen.

Ich danke an dieser Stelle allen, die sich bereit erklärt haben, mitzumachen, sich zum Teil sogar noch einmal dem tiefen Schmerz zu stellen, aber dadurch auch noch einen Schritt weitergekommen sind. Ich danke ganz besonders denen, die den Mut hatten, ihren Namen unter ihren Text zu setzen, auch den Männern, die bereit waren, ihre Perspektive mitzuteilen.

*Sabine Herold*

## *Zum Aufbau des Buches*

Normalerweise wird zwischen Fehlgeburt (frühe und späte Fehlgeburt) und Totgeburt unterschieden. Eine frühe Fehlgeburt geschieht bis zur 12. Schwangerschaftswoche, eine späte bis zur 25. Von Totgeburt spricht man, wenn das Kind über 500 g schwer ist und im Mutterleib oder während der Geburt stirbt.

Ich nehme in diesem Buch eine andere Einteilung vor. Es gibt Frauen, denen das Kind sehr früh im Mutterleib abstirbt und die es dann durch Blutungen oder eine Ausschabung (Curettage) verlieren. Die Berichte dieser Frauen finden sich im ersten Teil: *Die fehlende Geburt: Ein Kindes stirbt im Leib der Mutter in der frühen Schwangerschaft.*

Bei anderen Frauen stirbt das Kind in einer späteren Schwangerschaftsphase. Ab etwa der 12.–16. Woche kann das Kind nicht mehr durch eine Curettage geholt werden und muss geboren werden. Hier liegt für mich der entscheidende Unterschied. Berichte hierüber bilden den zweiten Teil: *»Geburt des Todes: Ein Kind stirbt im Leib der Mutter und muss tot zur Welt gebracht werden«.*

Die persönlichen Beiträge sind meines Erachtens wertvoll und nicht durch ein Fachbuch zu ersetzen. Andererseits soll das Buch nicht allein auf der persönlichen Erfahrung gründen, sondern auch Wissen vermitteln und durch Informationen Hilfestellung geben. In einem dritten Teil *»Trauern erlaubt! Ein steiniger, aber lohnender Weg. Fachbeiträge zum Thema Trauerprozess«* kommen zwei Hebammen zu Wort, die Frauen in und nach einer Fehlgeburt bzw. Totgeburt oder auch in einer Folgeschwangerschaft begleiten. In einem weiteren Beitrag werden die Phasen der Trauer erklärt.

Und Gott? Die Auseinandersetzung mit der Frage nach Gott gerade in solch schmerzhaften Situationen soll ein Anfang neuer

Hoffnung nach den Verlusterfahrungen und ein Trost sein, dass auch der noch so kleinste Hauch von Leben in Gottes Händen ist.

Das Buch schließt mit einem Anhang, in dem weiterführende Informationen, Adressen, Internetseiten und Literatur aufgeführt sind, die weiterhelfen sollen, sich in das Thema zu vertiefen oder mit Anlaufstellen Kontakt aufzunehmen.

*Teil I*

# *Die fehlende Geburt*

## *Ein Kind stirbt im Leib der Mutter in der frühen Schwangerschaft*

# *Geburt ohne Kind*

Ich habe es mir auf dem Sofa bequem gemacht, die Beine hochgelegt und versuche nun, mich zu entspannen. Ich will mich schonen, aber das ruhige Liegen fällt mir schwer. Mit einem dreijährigen Wildfang ist das fast unmöglich. Aber jetzt liege ich da. Ich bin in der achten Woche schwanger. Vor vier Tagen haben leichte bis mittlere Blutungen eingesetzt, die mich schockiert und verwirrt haben. Im ersten Moment habe ich gedacht, dass nun alles aus sei, und mich gleich auf den Weg ins Krankenhaus gemacht. Es war nicht alles aus. Der Ultraschall war in Ordnung. Die Ärztin hat mich beruhigt, und ich bin wieder nach Hause gefahren – nicht ganz so beruhigt. Zwischendurch haben die Blutungen aufgehört, dann sind sie wiedergekommen. Seit Tagen geht das so, aber es scheint ein bisschen besser geworden zu sein. Ich habe wieder Hoffnung und versuche, alles ruhiger zu nehmen. Sämtliche Termine sind abgesagt. Ich bleibe zu Hause.

## *Der Stich durch die Seele*

Auf einmal geht ein schmerzhafter Stich durch meinen Unterleib. Ich erschrecke, ahne Schlimmes. Es kommt mir vor, als sei mein Kind soeben gestorben. Aber ich weiß es nicht. Wenig später bekomme ich starke Schmerzen. Alles zieht sich zusammen.

Ich mache mich auf den Weg ins Bad. Blut. Ich blute wie verrückt. Es hört nicht mehr auf. Und es tut weh. Das ist nicht normal, denke ich. Ich sehe nicht nur Blut. Da kommt mehr raus: schwarze Klumpen. Ich weine. Jetzt weiß ich, dass ich mein Kind verloren habe.

Wenig später kommt eine Freundin und fährt mich in die Praxis meiner Gynäkologin. Die Ärztin macht einen Ultraschall. Von einer Schwangerschaft ist keine Spur mehr zu sehen. Aus. Vorbei. Die Ärztin reagiert sehr einfühlsam und erzählt mir, dass sie selbst drei Fehlgeburten gehabt habe. Meistens verliere eine Frau ein Kind, wenn ein genetischer Fehler vorliege. Aber das sei trotzdem sehr traurig, da es in unseren Köpfen schon ein fertiges Baby sei.

Mein Kopf versteht, aber mein Inneres kann noch nicht fassen, was in den letzten Stunden geschehen ist und was ich gerade mitgeteilt bekommen habe: keine Schwangerschaft mehr, kein Kind mehr.

## *Ein Mädchen?*

Gerade bin ich aus der Narkose aufgewacht. Die Ausschabung liegt hinter mir. Regelmäßig überwacht eine Krankenschwester meine Werte. Die anderen Betten in meinem Zimmer sind leer. Wenn ich zwischendurch allein bin, weine ich hemmungslos.

Die Tür öffnet sich, und mein Mann kommt herein. Sein Anblick tut mir gut. Er hat mir etwas zum Schreiben mitgebracht. Kaum ist er wieder weg, laufen die Tränen von neuem. Ich erinnere mich an einen Traum, ein paar Nächte, bevor die Blutungen kamen:

*Ich merke, dass die Wehen losgehen. Alles geht schnell. Schon liege ich im Kreißsaal, vom Personal umgeben. Die Schmerzen sind unbeschreiblich. Die Freude ist umso größer, als das Kind da ist. Ein Mädchen.*

*Aber wieso schon die Geburt? Ich bin doch noch am Anfang der Schwangerschaft. Es dauert eigentlich noch sieben Monate.*

Jetzt ist meine Schwangerschaft zu Ende. Es dauert keine sieben Monate mehr. Das Kind ist »geboren« – ein Mädchen. Irgendwie hilft mir der Traum von letzter Woche, denn nun ist das Kind kein »Etwas« mehr, sondern hat ein Geschlecht, ist eine Persönlichkeit – meine Tochter!

## *Brief an mein Kind*

Ich nehme den Block, den mein Mann mitgebracht hat, und schreibe einen Brief an mein Kind, aber auch einen Brief an Gott, den ich im Hier und Jetzt nicht verstehe:

*Jetzt ist alles vorbei. Kein Kind mehr in mir. Die Angst und Unsicherheit der letzten Tage sind gewichen. Nur der Schmerz bleibt: der körperliche Schmerz im Bauch; die Lücke, die du einst ausfülltest – und der Seelenschmerz.*

*Mein Kopf will erklären; meine Seele weint. Du bist tot. Und mit dir ist ein Teil meines Herzens gestorben.*

*Auch wenn mein Körper schon bald den alten Zustand wiedererlangt hat, ist meine Seele noch bei vorgestern, als du noch da warst; bei gestern und bei heute, als mich der Schmerz durchdrang. Meine Seele ist noch nicht im Jetzt angekommen, hat noch ein Kind – und wird dich immer als Kind haben, auch wenn du dann vielleicht im Zimmer der Erinnerung wohnst.*

*Dein Tod ist im Moment das Schlimmste für mich. Es ist nicht das Ende der Welt. Es ist das Ende meiner Welt!*

*Das Leben geht weiter; die Zeit läuft unaufhörlich – doch bei mir steht sie still. Gott, ich weiß nicht warum. Aber ich frage dich – und ich warte auf eine Antwort!*

In der Nacht wechseln sich Schlaf- und Wachphasen ab. Wenn ich einschlafe, träume ich komische Sachen rund um die Fehlgeburt. Ich weine im Traum und erwache auch weinend.

Schon früh am anderen Morgen beginnt der Tagesbetrieb. Immer noch muss ich weinen. Dann wird ein Bett nach dem anderen neben mir belegt. Ich reiße mich zusammen. Trotzdem bin ich ständig kurz davor, erneut in Tränen auszubrechen.

Ich liege auf dem Bett und schaue aus dem Krankenhausfenster. Das Wetter ist wunderschön. Ich kann sogar bis zu den Alpen sehen, die von sanftem Dunst umgeben sind. Das Morgenrot ist überwältigend. Doch was nützt mir der wunderbare Ausblick?

Gerade habe ich unser zweites Kind verloren. Bisher habe ich immer gedacht, dass mir so etwas nicht passieren kann. Meine Mutter hat vier Kinder zur Welt gebracht, hatte nie Probleme während der Schwangerschaft. Nie eine Fehlgeburt. Wieso sollte mir dann so etwas geschehen?

Was eine Frau durchmachen kann, die ein Kind verliert, war mir bisher fremd, nicht nachvollziehbar. Nun weiß ich selbst, was es bedeutet. »Kind, wo bist du?« Und dann kommen die Selbstvorwürfe: Vielleicht bin ich selbst schuld, dass sich das Kind gelöst hat. Vielleicht hätte ich meinen Sohn nicht mit dem Fahrrad in die Spielgruppe bringen sollen. Vielleicht hätte ich letzte Woche nicht zum Zug rennen sollen, den ich sowieso verpasst habe. Dann waren da die zwei Grippen. Vielleicht sind die der Grund für die Fehlgeburt.

Während ich so in Schuldgefühlen versunken bin, kommt mein Mann. Er hat sich freigenommen, und ich bin sehr dankbar dafür, dass er da ist. Sobald die Ärztin noch einmal vorbeigeschaut und mir weitere Anweisungen und Medikamente gegeben hat, werde ich entlassen. Die Ärztin wünscht mir noch alles Gute. Alles Gute? Was soll das heißen? Was ist jetzt gut für mich?

Zu Hause muss ich immer wieder weinen. Der innere Schmerz überrollt mich unangemeldet, heftig, tief. Doch jedes Mal versuche ich, ihn zu unterdrücken und mich zusammenzureißen, »stark« und »tapfer« zu sein. Ich fühle mich wie in einer anderen Welt, wie neben mir. Alles scheint so surreal zu sein. Vieles ist auf einmal belanglos, und ich merke, was im Leben wirklich wichtig ist.

## *Was wirklich hilft*

Seltsamerweise höre ich in dieser Zeit von mehreren anderen Frauen, dass sie auch eine oder sogar mehrere Fehlgeburten hatten. Diese Frauen können mich am besten verstehen und helfen mir durch ihr Zuhören, ihr eigenes Erzählen, ihre Worte. Ich merke, dass diese Frauen wissen und am eigenen Leib erlebt haben, wovon sie reden. Von ihnen kommen keine Pauschalantworten wie: »Du bist doch noch so jung! Du hast ja schon ein Kind! Sei dankbar dafür! Dein Sohn braucht dich jetzt. Du kannst ja wieder schwanger werden. Das geht vielen so. Du bist halt keine robuste Person …« Derartige Antworten bekomme ich auch zu hören. Ich versuche zu verstehen, dass viele nicht wissen, was sie sagen und wie sie reagieren sollen, und dass wohl die meisten ihre Worte gut meinen. Ich fühle mich von ihnen aber nicht wirklich verstanden.

Was mich vielmehr ermutigt, sind Sätze wie: »Jede Frau erlebt und verarbeitet eine Fehlgeburt anders. Gib und nimm dir jetzt Zeit, um zu realisieren, was alles in dir vor sich geht, um deine Gedanken und Gefühle zu ordnen. Weine, wenn dir danach zumute ist. Lass dir Zeit, von deinem Kind Abschied zu nehmen. Versuche das zu sehen, was du hast, und freue dich daran, zum Beispiel an deinem Mann und an deinem Kind. Akzeptiere nach und nach, dass das zum Leben gehört. Das ist die Realität. Wenn deine Gefühle in der nächsten Zeit sehr schwanken, dann hängt das auch mit dem Hormonwechsel zusammen, den du durchmachst. Suche jetzt viel Nähe zu lieben Menschen und Freundinnen, die dich verstehen. Sprich über das, was in dir vorgeht. Meide Menschen, die dich mit fertigen Antworten abspeisen, die dich stressen und dir die Kraft rauben.« Ja, und ich meide derartige Menschen. Ich überlege mir sehr gut, wem ich von meinem Erleben erzähle und wem nicht, welche Antworten ich vertragen kann und welche nicht.

Die nächsten Tage werden nicht leicht. Ich versuche, den Schmerz zuzulassen, aber es ist jedes Mal ein Kampf. Von zwei Freundinnen bekomme ich Blumen. Einen Strauß Rosen und einen großen Strauß mit riesigen Sonnenblumen. Die Blumengeschenke freuen mich sehr. Ich erinnere mich auch an eine Karte von einer selbst betroffenen Frau, die mich ermutigt. Auch von meiner Mutter bekomme ich einen Brief, in dem steht, dass sich meine Eltern und Geschwister sehr auf das Baby gefreut hätten. Noch jemand, der unser Kind ins Herz geschlossen hat. Mitten in meinem Dunkel gibt es doch immer wieder Lichtblicke – sei es durch ein liebes Wort, eine mitfühlende Geste, eine Umarmung, Zuhören …

### *Verarbeitung in der Stille*

Mein Rucksack ist schwer, zieht mich nach unten, fordert meine letzte Kraft. Ich trage Schmerz, Erschöpfung, Schuldgefühle und Angst mit mir herum. Meine Reise geht ins Tessin, wo eine Woche Stille auf mich wartet, »Geistliche Übungen« genannt. Das Thema lautet: »Zur Ruhe kommen bei Gott« – das, wonach ich mich im Innersten sehne.

Ich bin äußerlich still, aber umso mehr wird mir meine Unruhe bewusst. Ich kämpfe zuerst gegen meine Gefühle, gegen die Tränen und die Trauer. Ich habe Angst, dass mich der Schmerz überrollt. Es fällt mir schwer, »schwach« zu sein und mich gehen zu lassen. Aber jedes Mal, wenn es doch möglich ist, spüre ich Erleichterung.

In meinem Tagebuch halte ich den Trauerprozess täglich fest. Schreiben hilft mir. Es hilft, meine Gedanken und Gefühle und den Schmerz in Worte zu fassen, sie auszudrücken und bewusst zu machen.

*Wo bist du, Kind?*

*Ich suche dich –*
*doch du bist nicht mehr da;*
*gegangen, aus mir, weg.*
*Nichts bleibt –*
*nur der Schmerz,*
*ungeweinte Tränen,*
*Verlust und Trauer.*
*Ich fühle mich leer,*
*einsam, verlassen –*
*unendlich müde.*

*Wo bist du, Gott?*

*Ich kann dich nicht finden.*
*Fremd bist du mir geworden.*
*Mein Kind hast du mir genommen.*
*Warum?*
*Für was?*
*Erst gibst du, dann nimmst du.*
*Dein Schweigen quält.*
*Sprich doch ein Wort –*
*dein Wort für mich!*

Ich bitte Gott um die »Gabe der Tränen«, denn ich merke, dass ich das Weinen nicht erzwingen kann, dass aber trotzdem eine Sehnsucht in mir ist, zu weinen und zu trauern, weil die Tränen innerlich brennen und geweint werden wollen. Mir wird auch bewusst, dass ich Zeit brauche und dass das Erlebte nicht von heute auf morgen »gelöst«, betrauert und abgeschlossen ist. Ich könnte es wegschließen, unterdrücken, verdrängen, aber dann würde es im Unterbewusstsein weiterquälen. Ich bitte Gott, dass er mit mir in *meinem* Tempo durch den Schmerz geht.

Mir wird klar, dass ich meine Tochter nicht innerhalb von ein paar Tagen loslassen muss, aber dass ich mich mit meinem Kind zusammen Jesus überlassen darf – seiner Liebe, Obhut, seinem Blick und seiner Nähe.

Wenn ich Musik höre und sie in mir klingen lasse, dann wird auch meine Seele berührt, und ein Ventil öffnet sich.

Ich gebe meiner Tochter einen Namen. Sie soll nicht namenlos bleiben. Salome. Friede. Im Namen drückt sich meine Sehnsucht nach innerem Frieden aus, die Sehnsucht, bald auch über diesem Verlust zur Ruhe zu kommen. Noch einmal schreibe ich meiner Tochter, diesmal spreche ich sie mit ihrem Namen an:

*Salome, ich sehne mich nach dir. Ich wüsste gerne, wie du ausgesehen hättest – deine Augen, dein Gesicht. Ich möchte dich in meinen Armen halten und liebkosen, möchte dich schützen und versorgen. Ich hätte so gerne erlebt, wie mein Bauch mit dir wächst, doch das wird ein Wunsch bleiben. Ich vermisse es, keine Kindsbewegungen von dir in mir spüren zu dürfen – nachts, wenn ich wach liege, oder auch am Tag. Ich wäre so froh gewesen, dich lebend zur Welt zu bringen, doch tot bist du geboren – als Abort verloren gegangen, ausgeschabt, ein Häuflein Gewebe, zur Unkenntlichkeit entstellt. Ich muss an all die Kinder denken, die nie geboren wurden und werden, auch an all die abgetriebenen Menschlein, die leben wollten, aber nicht durften, deren Leben grausam ein Ende gesetzt wurde. Salome, in meinem Herzen und meinen Gedanken bist du ein Mensch, mein Kind, mein Baby, meine Tochter.*

In einer kleinen Kapelle sitze ich lange Zeit vor dem Kreuz und komme mit Jesus ins Gespräch. Endlich bricht die ganze Trauer aus mir heraus. Ich weine hemmungslos, schluchze, kämpfe nicht mehr gegen die Tränen. Sie dürfen kommen. Vor Jesus – dem, der unendlich für mich gelitten hat – brauche ich mich nicht zu schämen. Es tut gut, die Tränen zuzulassen und mich gleichzeitig dem zu überlassen, der mein Kind und mich selbst in der Hand hält.

Am nächsten Tag begegnet mir Jesus in der Stille. In einem inneren Bild bekomme ich drei Geschenke von ihm:

Es ist, als wenn er mir noch einmal für ein paar Wochen lang mein Kind zurückgibt, damit ich mich in Ruhe von ihm verabschieden kann. Ich darf mir Zeit lassen zu trauern.

Zweitens darf ich – eingehüllt in den Mantel seiner Liebe – weinen, klagen, trauern, meine Gefühle und den Schmerz zulassen. Und ich weiß: Jesus ist in diesem Schmerz bei mir. Er trauert mit mir. Vor ihm darf ich sein, wie ich bin, und das kommen lassen, was kommt – auch Tränen!

Das dritte Geschenk ist die Verheißung neuen Lebens. Vielleicht ein weiteres Kind? Ich weiß es nicht.

Die Zeiten der Stille tun gut. Es kommt mir vor, als wenn Jesus mir Sätze sagt wie: »Komm zu mir mit deinem Schmerz; ich weiß darum; ich halte dich. Ich lasse dir Zeit. Lass dir selbst auch Zeit – mindestens so lange, wie deine Schwangerschaft dauerte! Ich gebe dir Anteil an meinem Leben, geliebte Tochter. Und: Deine Salome ist sicher und geborgen bei mir!«

Diese Erfahrungen sind für mich sehr tiefe Begegnungen mit Gott, und ich gebe sie an dieser Stelle nur weiter, weil ich hoffe, dass sie vielleicht Frauen in ähnlichen Situationen trösten und sie ermutigen, sich von Gott ansprechen und halten zu lassen.

Das Wissen darum, dass ich trauern darf, entlastet mich und heilt sogar einen Teil des Schmerzes. Ich erlebe einen kleinen Durchbruch: neue Lebensfreude, Hoffnung, Trost. Der Himmel über mir scheint eine ähnliche Veränderung zu erleben. Bisher hat es nur geregnet. Jetzt endlich bahnen sich die Sonnenstrahlen einen Weg durch die Wolken. Der Himmel bricht auf:

*Die Sonne scheint*
*und wärmt, umarmt und blendet mich –*
*nach dem Gewitter, den Regenschauern – Himmelstränen.*
*Licht – für mich.*
*Trost – von Gott.*
*Ich gehe zurück in den Schmerz, zu dir, Kind,*
*halte dich in meinen Gedankenhänden,*
*schaue dich mit meinem inneren Auge an,*
*liebe dich, liebkose dich in meinem Herzen.*

*Dabei bin ich getröstet und gehalten.*
*Ein Stärkerer ist bei mir,*
*der »Ich-bin-da«,*
*der zu mir in die Tiefe kommt,*
*der meine Schwachheit und Ohnmacht teilt.*

*Gott, ich überlasse mich dir.*
*Ich lasse meine »Haltung« los,*
*um von dir gehalten zu werden;*
*verliere meine Fassung,*
*um von dir erfasst zu werden.*

Bei meinem nächsten Gespräch mit der Leiterin dieser Stillewoche lade ich endlich meine Selbstanklage, mein schlechtes Gewissen und meine Schuldgefühle, dass das Kind vielleicht wegen mir gestorben ist, ab. Ich vergebe mir selbst und nehme Gottes Vergebung in Anspruch.

Und dann vergebe ich Gott. Das klingt vielleicht seltsam, aber ich gebe ihm mein Nicht-Verstehen, meine Klagen und die vielen Fragen, auf die ich keine Antwort habe. Warum hat er mir meine Tochter genommen, wenn er doch der Gott des Lebens ist? Ich spreche diese Frage aus und weine den Schmerz heraus, und es tut gut. Ich lasse meine Erwartungen, die Schuld, in der er bei mir – wie ich meinte – steht, meine Forderungen, mein angebliches »Recht« auf dieses Kind los.

Schnell geht die Woche im Tessin zu Ende. Mit einem vollen Rucksack, aber mit einem erleichterten Herzen fahre ich wieder nach Hause. Die Trauer nehme ich mit, aber ebenso Trost.

So lange, wie meine Schwangerschaft gedauert hat, so lange lasse ich mir Zeit zu trauern. Dann bin ich bereit, mein Kind loszulassen. Ich nehme in der Stille vor Gott von Salome Abschied. Sie ist nicht verloren, nicht irgendwo, sondern in den liebenden Armen Gottes. Was bei mir zurückbleibt, ist Friede über den Abschied von meinem Kind. Auch wenn noch oft die Tränen fließen und fließen dürfen, kann ich wieder lachen.

## *In der Gegenwart*

Nach ein paar Monaten bin ich wieder schwanger. Wird es diesmal gut gehen? Ich will mich nicht zu sehr freuen, aus Angst, dass es vielleicht wieder ein jähes Ende haben könnte.

Die Schwangerschaft ist ein Geschenk! Ich weiß jetzt, dass es nicht selbstverständlich ist, überhaupt schwanger zu werden, ein Kind auszutragen und gesund auf die Welt zu bringen – es ist reine Gnade! Kein Mensch kann Kinder »machen«. Keine Frau hat ein Recht auf Kinder! Eine Schwangerschaft ist ein Geschenk des Himmels: Gott hat sich dieses Kind ausgedacht! Und jeder Tag, an dem eine Frau schwanger bleibt, ist Gnade. Jeder Tag, an dem das Kind leben, sich entfalten und wachsen darf, ist noch viel mehr!

*Sabine Herold, Laupersdorf, CH*

*Dieser Artikel erschien in gekürzter Form zuerst in der Zeitschrift Lydia.*

## *Besser ein großer Abstand als keiner!*

Schon bevor wir heirateten, war uns klar, dass wir irgendwann Kinder haben wollten. Ich habe einen Beruf, der sich mit Kindern relativ gut vereinbaren lässt, und hatte ein Studium vorerst weit von mir geschoben, obwohl ich es zeitweise doch immer mal in Erwägung zog.

Bald nach unserer Hochzeit wurde ich überraschend schnell schwanger. Nach dem ersten Schreck darüber, dass sich unser Leben früher als geplant ändern würde, freuten wir uns auf unser erstes Kind. Unser Sohn Johannes war ein sehr liebes Baby, weinte wenig und war sehr pflegeleicht. Nach einem Jahr wurde der Wunsch nach einem zweiten Kind größer, und zu unserer Freude war ich bald wieder schwanger. Bei der ersten Ultraschalluntersuchung konnte man das kleine Herz noch nicht schlagen sehen. Als ich Sorgen äußerte, wurde ich auf die nächste Untersuchung vertröstet, alles befände sich noch »im Rahmen«. Eine Woche später war nichts mehr im Rahmen. Das Kind lebte offensichtlich nicht, und ich wurde in die Klinik zur Ausschabung überwiesen. Ich war untröstlich. Noch in der Nacht vor dem Eingriff hoffte ich, dass alles nur ein böser Traum war und mein Baby lebte. Konnte Gott wirklich so grausam sein und ein sehnlich erwartetes Kind wieder nehmen? Leider ja. Ich verstand die Welt nicht mehr und trauerte intensiv um mein Kind.

In dieser Zeit wurde ich darauf aufmerksam, dass es viele Frauen gab, die eine Fehlgeburt erlitten hatten. Das hatte ich bisher noch nie so wahrgenommen. Vielleicht, weil kaum jemand darüber sprach? Jedenfalls wusste ich nun, dass ich nicht die einzige Frau war, der so etwas passierte. Mein Mann konnte mich leider nicht wirklich unterstützen. Für ihn war das Kind ja noch nicht in irgendeiner Weise spürbar bzw. sichtbar gewesen. Richtig schlimm empfand ich damals aber diejenigen, die meinten, sie müssten meiner Trauer mit irgendwelchen dummen und auch frommen Phrasen begegnen. »Wer weiß, wozu es gut war?« (Ja, wozu eigentlich???) »Gott hat sich schon was dabei gedacht.« (Ich wüsste zu gerne, was.) »Ihr seid doch noch jung und könnt noch weitere Kinder bekommen.« (Ich wollte kein anderes, ich wollte dieses!) »Vielleicht war es ja behindert.« (Das war in dem Moment völlig egal, ich wollte, dass es lebte.) Diese und noch etliche andere wohlmeinende Ratschläge ließen mich zu dem Schluss kommen, dass es irgendwie nicht erlaubt sei, um eine Fehlgeburt zu trauern. Nur meine Freundin tat das einzig Richtige. Sie besuchte mich spontan, nahm mich einfach in den Arm und ließ mich so stehen mit all meinen Gefühlen. Und Gott? Er war so unendlich fern. Ich habe ihm meine Enttäuschung, meine Trauer und meine Wut entgegengeschleudert. Danach fühlte ich mich besser.

Ein Jahr später war ich zum dritten Mal schwanger. Ich ging etwas verhaltener an die »Sache« heran. Außer meinem Mann erzählte ich vorerst niemandem davon. Erst mal abwarten, nur nicht zu früh freuen. Dennoch war die Enttäuschung groß, als ich nach einer Blutung im dritten Monat das Baby verlor. Es gelang mir schneller als beim ersten Mal, mich abzulenken, schließlich hatte ich ja versucht, mich nicht zu sehr auf die Schwangerschaft einzulassen. In diesem Jahr wurde mir bewusst, welches Opfer Gott gebracht hatte, als er seinen Sohn am Kreuz sterben ließ. Es ist furchtbar, ein Kind zu verlieren. Wie muss er gelitten haben, als er das freiwillig tat – und zwar für mich!

Kurz nach Ostern bekam meine Freundin ihr zweites Kind. Ich konnte mich von ganzem Herzen mitfreuen und durfte die Patentante von Klein-Laura werden. Ein Geschenk war seitdem für mich, dass ich nie neidisch wurde auf andere, die ein Baby bekamen (und das waren einige). Ich hätte mir nur gewünscht, dass ich lieber gar nicht schwanger geworden wäre, als die Kinder wieder hergeben zu müssen.

Wir wollten nie ein Einzelkind, aber mittlerweile begann ich es zu genießen, unseren Sohn aufwachsen zu sehen und alle Entwicklungsstufen mitzubekommen. Er war ein fröhliches, aufgewecktes Kind. Als er dreieinhalb Jahre alt war, wurde er chronisch krank. Er bekam eine schwere Form von Epilepsie, und wir verbrachten etliche Wochen in der Kinderklinik. Auch das erste Jahr danach war sehr anstrengend, da die starken Medikamente wesensverändernd wirkten, die Konzentration und Wahrnehmung einschränkten. Wir waren sehr mit klinischen Kontrollen und irgendwelchen Therapien beschäftigt. Vielleicht war es gut, dass wir zu dem Zeitpunkt noch keine weiteren Kinder hatten? Wie schafften andere Leute das bloß?

In dieser Zeit starb unser fünf Monate alter Neffe am plötzlichen Kindstod. Das war ein weiterer Schock für die ganze Familie. Kurze Zeit darauf entschuldigte sich meine Schwägerin bei mir für die unbedachten Worte, die sie nach meinen Fehlgeburten geäußert hatte. Sie habe nun selbst schmerzhaft erfahren, wie es sei, ein Kind zu verlieren. Das hat mich sehr beeindruckt, zumal ich es schlimmer finde, je älter ein Kind ist und je mehr man es kennt und liebt, aber für sie machte das offenbar keinen Unterschied.

Die Jahre vergingen, und ich verlor noch weitere Kinder, allerdings so früh, dass ich gar nicht mehr deswegen zum Arzt ging (ich weiß, dass man das nicht tun sollte, da es zu nachhaltigen Schäden der Gebärmutter führen kann, wenn man keine Ausschabung vornehmen lässt). Mittlerweile war unser Sohn sieben Jahre alt, wir hatten ein Haus gekauft und irgendwie begonnen, mit dem Gedanken an weitere Kinder abzuschließen. Als wir von Freunden gefragt wurden, ob wir ihnen unseren Kinderwagen, den Autositz und die Stoffwindeln abtreten würden, haben wir bereitwillig zugesagt. Wozu hatte ich das ganze Zeug all die Jahre aufgehoben? Es war Zeit, Platz zu schaffen! Prompt wurde ich schwanger. Irgendwie konnte ich eine innere Freude nicht unterdrücken, dennoch fuhr ich leicht panisch zum Arzt. Auf dem Weg dorthin flehte ich inständig, dass dieses Kind lebte. Mein Gebet wurde erhört: Das kleine Herz schlug fröhlich vor sich hin! Ich war in der achten Woche schwanger. Drei Tage später folgte der erste Schreck: Ich bekam eine Blutung. Völlig aufgelöst machte ich mich auf den Weg in die Praxis. Selbstzweifel plagten mich. Hatte ich mich übernommen? Musste ich diesen letzten anstrengenden Nachtdienst wirklich machen, nur weil ich noch niemandem von meiner Schwangerschaft erzählen wollte? Hatte ich das Leben meines Kindes leichtfertig aufs Spiel gesetzt? Nach bangen Stunden blickte ich auf den Monitor und sah mein Baby, das fleißig mit den Armen ruderte, als würde es mir zuwinken. Dem Kind ging es gut. Gott sei Dank!

Genießen konnte ich die Zeit der Schwangerschaft nicht. Nach jedem Arztbesuch war ich nur kurze Zeit davon überzeugt, dass alles in Ordnung war. Es gab oft mehr Tiefen als Höhen. Im achten Monat wurde ein möglicher Herzfehler diagnostiziert. Die darauf folgende Woche des Wartens auf weitere Untersuchungen war hart. Sollte unser Kind vielleicht eine Behinderung haben, durch den Herzfehler nicht lebensfähig oder anderweitig eingeschränkt sein? Wieder konnte meine Freundin trösten und für uns beten. Das tat gut, und ich konnte der Untersuchung gelassener entgegensehen. Mein Mann war in dieser Woche auch eine große Hilfe und verbreitete Optimismus. Auch wenn wir uns natürlich ein gesundes Kind wünschten, würden wir lernen, mit einer Behinderung umzugehen. Auf diesem Gebiet sind wir schließlich erprobt, dachte ich manchmal zynisch.

Oft wurde ich gefragt, was »es« denn werden würde, und ich entgegnete jedes Mal, dass wir uns vom Geschlecht des Babys überraschen lassen wollten. Der nächste Spruch, der dann kam, war mit fast vorauszubestimmender Sicherheit: »Na ja, Hauptsache, es ist gesund!« Hauptsache gesund! Welch ein Hohn für alle behinderten und kranken Menschen. Manchmal wäre ich deshalb fast explodiert. Sollte ich die Leute schockieren und erwidern, dass unser Kind vielleicht behindert sein würde? Was ist denn dann die Hauptsache? Was war die Hauptsache für mein Kind? Dass es jetzt schon geliebt wurde und dass ich mich riesig darauf freute. Das war die Hauptsache! Im Herzzentrum stellte sich dann heraus, dass unser Kind kerngesund auf die Welt kommen würde. Alle Aufregung umsonst. Zum Glück!

Endlich konnten wir unser kleines Mädchen gesund und munter in den Armen halten. Katharina Elisa betrat die Welt mit großen offenen Augen. Elisa bedeutet: »Gott ist Vollkommenheit«, und wir sind dankbar für den kleinen vollkommenen Menschen. Als ich neulich erwähnte, dass der Abstand zwischen unseren Kindern doch ziemlich groß sei, entgegnete mir ein lieber Bekannter: »Besser ein großer Abstand als gar keiner!« Recht hat er!

*Nadja Hadem, Marburg, D*

Als »Bin kaum da, muss schon fort« erschien, war ich gerade wieder schwanger. Ich konnte damals nur ein paar Berichte quer lesen,da mich das Thema doch noch zu sehr aufwühlte. Etwas überrascht war ich schon davon, dachte ich doch, dass ich mit dem Verlust spätestens nach Schreiben des Artikels gut fertig geworden war.

Ein Exemplar des Buches konnte ich im gleichen Jahr an eine Bekannte weitergeben, die mit Zwillingen schwanger war und ein Kind verlor. Sie hat nur wenig über das Ereignis gesprochen, wollte aber das Buch gerne behalten.

Eine andere Reaktion kam von einer Freundin, die mir das Buch unter Tränen zurückgab. Die Trauer über ihren unerfüllten Kinderwunsch wurde erst durch das Lesen einiger Berichte konkret. Auch ein Thema, das der Aufarbeitung bedarf.

Trotz meiner Vorgeschichte konnte ich mich gut auf die neue Schwangerschaft einlassen und hatte wenig Ängste. Das empfand ich als große Entlastung. Unsere Magdalena erblickte 22 Monate nach ihrer Schwester nach einer schnellen, komplikationslosen Geburt im Geburtshaus das Licht der Welt – genau am Geburtstag ihres Papas. Was für ein Geschenk!

Johannes ist ein stolzer großer Bruder und liebt seine kleinen Schwestern (meistens) sehr. So herrscht in unserer Familie nun reger Trubel, aber das haben wir ja so gewollt!

*Nadja Hadem (Dezember 2010)*

## *Erst eins, dann zwei …*

Ich hatte zwei Fehlgeburten. Die eine kam mir, wenn ich ehrlich bin, fast »gelegen«, denn meine beiden anderen Kinder waren noch recht klein, sodass ich nicht wusste, wie und ob ich es mit einem dritten Kind schaffen würde. Ich fühlte mich mit der Tatsache, wieder schwanger zu sein, ziemlich überfordert. Wie sollte das werden? Ich stand wie vor einem unüberwindbaren Berg.

Aus meiner Überforderung heraus hatte ich innerlich gehofft und auch gebetet, dass das Kind abgeht. Doch als es dann so weit war und ich das Kind tatsächlich verlor – ohne große Vorankündigung, ohne große Schmerzen –, war es dann doch schockierend für mich. Ich ging zum Ausschaben ins Krankenhaus.

Wieder daheim, schmerzte der Verlust des Kindes, und das schlechte Gewissen plagte mich wochenlang, vor allem, weil ich nicht Ja zu dem Kind gesagt hatte. So glaubte ich, es wäre meine Schuld, dass das Kind abgegangen war. Ich versuchte, die Fehlgeburt allein zu verarbeiten. Jahrelang verlor ich kein Wort darüber. Das erste Mal erzählte ich Jahre später meiner Schwester und einer Freundin davon.

Dann war zwei Jahre lang »Ruhe«, in denen ich nicht mehr schwanger wurde.

Bei der nächsten Schwangerschaft hatte ich von Anfang an starke Blutungen. Ich war mit Zwillingen schwanger, was mich sehr freute, mir zugleich aber noch mehr Angst machte, denn ich fürchtete nun nicht nur, ein Kind zu verlieren, sondern gleich zwei. Ich betete, dass die Kinder bei mir bleiben und ich sie austragen konnte. Doch die Blutungen wurden immer stärker. Ich sollte nur liegen. Das hatte der Arzt schriftlich verordnet.

In der 14. Schwangerschaftswoche verlor ich dann aber das

erste Kind. Es kam durch eine Sturzgeburt heraus. Es war mitten in der Nacht, als ich auf die Toilette ging und das Kind auf einmal herausfiel. Ich war schockiert und rief meinen Mann. Das kleine Wesen zappelte in der Toilette. Ich konnte erkennen, dass es ein Mädchen war, was ich mir gewünscht hatte. Wir holten das Kind heraus und hielten es in den Händen. Es zappelte, hätte aber in diesem Alter keine Chance gehabt. Ich rief die Hebamme an und schilderte ihr, was passiert war. Sie sagte, dass man nichts machen könnte. Es würde zu lange dauern, bis der Krankenwagen käme. Das Kind sei zu klein, um zu überleben. Ihm fehlte zu viel. Es war noch nicht ganz ausgebildet. So starb unsere Tochter in unseren Händen. Wir packten sie ein und »entsorgten« sie. Wir wollten sie erst beerdigen, doch mein Mann meinte, dass es nicht so gut sei, weil die Tiere sie in der Nacht vielleicht wieder ausgraben könnten. Die Vorstellung war für ihn unerträglich. Er wollte das Kind als ganzes Wesen in Erinnerung behalten. Wir sind uns in diesem Punkt nie einig geworden. Schließlich akzeptierte ich, das Kind nicht zu beerdigen, obwohl ich es gerne getan hätte, damit ich auch immer wusste: Da ist es jetzt, bzw. da war es.

Nachdem ich das eine Kind verloren hatte, hörten die Wehen auf. Die Gynäkologin stellte fest, dass sich der Muttermund wieder geschlossen hatte. Bis dahin hatte ich gar nicht gewusst, dass es das gibt. Ich hoffte nun weiterhin, dass wenigstens das andere Kind noch bei mir bleiben würde, aber zwei Wochen später verlor ich auch dieses. Es starb im Mutterleib und wurde durch eine Ausschabung geholt.

Alles war so gefühllos und ging ohne Wärme vor sich. Von den Ärzten kam nur: »Das kann jedem passieren.« Erledigt. Ich hatte keine Schwester oder Hebamme, die zum Beispiel gesagt hätte, dass ich mir jemanden suchen sollte, um den Verlust zu verarbeiten.

Zwei Kinder auf einmal zu verlieren war für mich recht schwierig, nachdem ich vorher eines verloren hatte, das ich verlieren wollte.

Ich suchte Hilfe, raste von Ort zu Ort. Ich fand niemanden,

mit dem ich über das reden konnte, was mich so plagte. Ich suchte eine andere Frau, die das Gleiche erlebt hatte. Doch ich musste erfahren, dass sich alle in Schweigen hüllten. Ich stieß eher auf Distanziertheit. Niemand wollte darüber sprechen. Das Thema schien tabu zu sein.

Endlich fand ich eine Frau, die mir erzählte, dass sie zum gleichen Zeitpunkt eine Fehlgeburt gehabt hatte. Bei ihr war das Kind von Anfang an zu klein geblieben und nicht richtig gewachsen. Wir konnten uns in unserem Erleben und in unseren Gefühlen gut verstehen, und wenn eine von uns niedergedrückt und depressiv war, versuchte die andere, sie wieder zu ermutigen.

Bei der ersten Fehlgeburt habe ich die Trauer nicht so rausgelassen, weil ich mir innerlich immer bewusst war, dass ich das ja so wollte. Bei den Zwillingen trauerte ich intensiver.

Da meine Mutter zu dieser Zeit im Krankenhaus lag und ein jämmerliches Bild abgab, wie sie so hilflos dalag, war mir erst recht zum Weinen zumute. Ihr Zustand war der fehlende Tropfen, der mein Tränenfass zum Überlaufen brachte und das Ventil öffnete, damit ich wirklich weinen konnte. Mein Mann glaubte, ich würde wegen meiner Mutter weinen, aber letztendlich war es die Trauer um meine Kinder, der ich Ausdruck gab.

Mein Mann verstand mich nicht und konnte auch nicht nachvollziehen, warum ich so traurig war. Es ging bei ihm nicht so tief. Für ihn war der Verlust der Kinder ein Zeichen, dass es einfach nicht sein sollte. »Denk an den Aufwand, wenn es Zwillinge sind. Da ist es besser, dass sie jetzt abgehen.« Ich erwiderte: »Das hätten wir geschafft, wenn wir sie schon bekommen!«

Meine beiden größeren Kinder halfen mir während der Zeit der Trauer, da ich wusste: Hier ist meine Aufgabe!

Nach dem Verlust der Zwillinge konnte ich am Anfang nicht mehr beten. Ich hatte innerlich immer das Gefühl: Gott hat mir die beiden auch genommen, weil ich ihn ja darum gebeten hatte, dass er mir das Kind davor nimmt. Ich zweifelte daran, dass Gott gerecht ist und dass er richtig macht, was er macht.

Inzwischen habe ich die Fehlgeburten verarbeitet, aber ich

denke noch immer an die Kinder, auch an den Moment, als sie starben. Es ist so ein furchtbares Gefühl, wenn ich mich daran erinnere, wie mein Kind ins WC fiel und wie ich das kleine Wesen von ein paar Zentimetern sah und wusste, dass ich nicht helfen konnte. Ich stand ohnmächtig daneben.

Inzwischen ist Zeit verstrichen, und wenn ich das Erlebte heute betrachte, kann ich sagen: In unserer jetzigen Situation würde ich es mit drei Kindern mehr oder mit Zwillingen menschlich gesehen nicht schaffen. Die Aufgabe wäre zu groß.

Es stimmt schon, dass die Zeit Wunden heilt und dass ich mittlerweile auch besser darüber reden kann.

Ich bin allerdings inzwischen sehr vorsichtig geworden, wem ich von meinen Fehlgeburten erzähle. Ich frage zuerst, wie es der anderen geht, wie sie es erlebt hat und ob sie darüber reden will, statt dass ich alles von mir erzähle und dann kommt nichts zurück. Ich merke, dass das Thema bei vielen ein Tabu ist, da man sehr verletzlich ist oder auch schnell verletzen kann.

*Anonym*

## *Für immer in meinem Herzen!*

Im Oktober 2003 entschlossen wir uns, uns noch einmal auf das Abenteuer Schwangerschaft, Geburt und ein drittes Kind einzulassen. Bis dahin hatten wir bereits zwei gesunde, muntere und liebe Buben. Wir hatten uns nie Gedanken darüber gemacht, wie viele Kinder wir einmal wollten, hatten uns aber stets mehrere Kinder vorgestellt. Der Zeitpunkt im Oktober 2003 schien uns günstig. Die Jungs waren jetzt zwei und fünf, und einen zu großen Abstand zwischen dem zweiten und dritten Kind wollten wir nicht unbedingt. Nun waren wir sehr gespannt, das heißt vor allem ich. Die Erinnerung an die zweite Schwangerschaft war mir nämlich noch ziemlich präsent. Damals war ich ein ganzes Jahr lang nicht schwanger geworden. Deshalb schwang bei unserem Entschluss, noch einmal ein Kind zu bekommen, auch ein bisschen Angst mit. Vielleicht musste ich mich ja noch einmal auf eine längere Wartezeit gefasst machen. Vielleicht würden wir auch gar kein Kind mehr bekommen. Wer wusste das schon. Ich war also so ziemlich auf alles gefasst. Nur nicht auf Folgendes:

Ich wurde nämlich prompt schwanger! Kein Warten, Bangen und Hoffen! So schnell war ich noch nie schwanger geworden! Für mich war das eine absolute Überraschung, eine überaus positive Erfahrung, und ich war total glücklich und selig! Wie dankbar war ich auch Gott gegenüber! Er meinte es so gut mit mir! Er beschenkte mich und unsere Familie auf ganz wunderbare Weise. Von da an war jeder Tag viel leichter und beschwingter. Ich erlebte Gott sehr intensiv und fühlte mich ihm so nahe wie schon lange nicht mehr. Jeden Tag musste ich an unser Kind unter meinem Herzen denken, schmiedete Pläne und stellte mir vor, wie es dann im nächsten Sommer sein würde. Ich überlegte mir, wie und wann wir unsere Buben über den Familienzuwachs informieren wollten, dachte mir schon Namen und Paten aus. Es ging sehr viel in meinem Kopf und Herzen vor.

Umso schmerzlicher war dann der Tag, an dem ich dieses Kind wieder hergeben musste. Ich kann mich sehr gut an diesen Tag erinnern. So etwas brennt sich ein in Herz und Seele. Am Tag vor dem ersten Advent hatte ich mehr Ausfluss als gewöhnlich. Das beunruhigte mich schon ein bisschen. Am Abend entdeckte ich dann plötzlich Blut. Für mich brach eine Welt zusammen. Ich wusste sofort, was dies zu bedeuten hatte. Typischerweise war auch noch Wochenende. Meinen Arzt konnte ich unmöglich erreichen. So rief ich meine Schwägerin an, die Gynäkologin ist. Sie erklärte mir ziemlich kühl und sachlich, dass ich dieses Kind mit größter Wahrscheinlichkeit verlieren würde. Ich machte mir selbst auch nichts vor. Ich spürte innerlich, dass es so kommen würde. Trotzdem hätte ich mir von meiner Schwägerin ein bisschen Hoffnung gewünscht – irgendeinen Strohhalm, an den ich mich hätte klammern können. Noch war ja nichts Schlimmes passiert. Bloß ein bisschen Blut, wenn ich aufs WC musste.

Die nächsten 24 Stunden verbrachte ich ausschließlich zu Hause im Bett. Am Sonntagmorgen rief ich dann in meiner Verzweiflung eine Hebamme an. Diese Frau war sehr mitfühlend und warmherzig. Ihre Anweisung war Bettruhe. Es könne in einer Schwangerschaft mal bluten, das habe noch nichts zu bedeuten. Im Verlauf des Sonntags nahm aber dann die Blutung zu, und wenn ich aufs WC musste, entdeckte ich auch kleine Blutklümpchen im Urin. Ich wusste Bescheid.

Am Abend des ersten Advents ging dann ein etwa mandarinengroßer Klumpen weg – weg in die Kanalisation. Jetzt war es doch passiert. Ich hatte dieses bereits geliebte Kind in der neunten Schwangerschaftswoche verloren. Ich war todunglücklich und untröstlich.

Die Tage darauf waren sehr schlimm. Ich lag meistens im Bett. Meine Buben wurden von meiner Mutter umsorgt. Sie konnten mich in diesen Tagen wohl nicht verstehen und wussten nicht, weshalb ihre Mami im Bett lag und so viel weinte. Ich nahm mich ihnen gegenüber so gut wie möglich zusammen. Wir klärten sie nicht über die wahren Gründe auf. Das kam erst viel später. Im Nachhinein würde ich unseren älteren Sohn sofort informieren. Es wäre für ihn wahrscheinlich einfacher gewesen, und er hätte meinen Seelenschmerz schon verstanden. Nachher ist man sowieso meistens klüger.

Die ersten Tage nach der Fehlgeburt war ich sehr müde und fühlte mich leer. Ich wurde immer wieder von Weinkrämpfen geschüttelt und schrie den Schmerz ins Kissen. Wo war da Gott? Weshalb hatte er mir dies angetan? Ich verstand ihn nicht. Ich fühlte mich von ihm betrogen: So, als hätte er mir den Speck durch den Mund gezogen. Ich nahm es Gott ziemlich übel und machte ihn lange für mein Unglück verantwortlich.

Am nächsten Tag stellte der Arzt bei einer Ultraschalluntersuchung fest, dass das Kind wirklich weg war. Das tat sehr weh. Wieder ein paar Tage später musste ich dann ins Krankenhaus zur »Auskratzung«. Das war am 6. Dezember 2003. Auch dort konnte ich meinen seelischen Schmerz nicht unterdrücken. Ich weiß noch gut, wie mir die Tränen ununterbrochen über die Wangen liefen und ich unterwegs in den Operationssaal von zwei Krankenschwestern betreut wurde, die mir sachte übers Haar strichen und mit mir über den Verlust dieses Kindes sprachen.

Ganz lieb war an diesem Tag meine Schwiegermutter. Sie saß beim Aufwachen aus der Narkose schon an meinem Krankenbett und weinte mit mir. Sie hatte selbst ein paar Kinder verloren und konnte richtig mit mir mitfühlen. Sie konnte mir mit ihrer Gegenwart etwas geben, was nicht einmal meine Mutter gekonnt hätte. Heute kann ich sagen, dass diese Fehlgeburt meine Schwiegermutter und mich näher zueinander gebracht hat – und das ist sehr wertvoll! Meine Freundin war auch gleich zur Stelle. Sie war eine der wenigen, die von meiner Schwangerschaft überhaupt wussten. Sie hatte sich zusammen mit ihrem Mann so fest auf das Kind gefreut. Nun brachte sie mir ein ganz schönes und besonderes Geschenk mit ins Krankenhaus. Es war eine Tonfigur zum

Aufstellen: ein Engel (ein Kind) mit einem kleinen Engel (einem Baby) im Arm. Heute steht diese Figur in unserem Schlafzimmer und erinnert mich immer wieder an unseren kleinen Engel im Himmel. Am meisten Trost, Kraft und neuen Lebensmut haben mir in dieser Zeit aber meine beiden Buben gegeben. An ihnen konnte ich mich freuen! Ich hatte ja bereits zwei gesunde Kinder, die mich brauchten und für die ich da sein wollte. Sie waren im ganzen Leid mein allergrößter Trost.

Auch mein Mann versuchte, mich in diesen schweren Stunden zu verstehen und zu trösten. Er fühlte sich aber selbst so hilflos und war in gewisser Weise überfordert. Überfordert mit mir und der ganzen Situation. So widmete er sich bald wieder seiner Arbeit und schaute positiv nach vorne. So schnell konnte ich das nicht. Ich musste zuerst noch mit dem Erlebten fertig werden. In diesem Punkt war ich allein, da musste ich selbst durch.

Doch es war erstaunlich, wie offen und mitfühlend sich die meisten Leute um mich herum verhielten. Viele Frauen berichteten mir von gleichen oder ähnlichen Erlebnissen. Ich war also nicht allein. Ich war überrascht, wie viele Frauen eine oder mehrere Fehlgeburten erlebt hatten. So etwas kann auch verbinden. Das berührte mich sehr und half mir über den Verlust hinweg. Während ich noch krankgeschrieben war, begann ich, unsere Fotoalben mit Fotos anzufüllen. Seit zwei Jahren hatte ich sie nicht mehr weitergeführt. Diese Arbeit war auch Balsam für meine Seele. Auf den Fotos konnte ich so viel Schönes noch einmal durchleben. Wie reich beschenkt war ich doch mit meiner Familie!

Trotzdem war es eine sehr traurige Weihnachtszeit. Stets wurde ich wieder an das Erlebte erinnert, und oft fühlte ich mich allein. Klar trauerte auch mein Mann. Für ihn war es aber trotzdem nicht das Gleiche. Er war diesem Kind noch nicht sehr nahe gewesen, hatte es weder gesehen noch gespürt. Er hatte sich auch kaum Gedanken über die Zukunft gemacht. Da sind wir Frauen einfach viel näher am Kind. Für ihn war jedoch nach der Fehlgeburt sofort klar, dass er weiterhin ein drittes Kind wollte – unbedingt, oder jetzt erst recht. Er war auch sehr zuversichtlich und optimistisch. Das half mir manchmal; manchmal machte es mir Angst. Was, wenn es nicht mehr klappen sollte?

Trotz meiner Fehlgeburt wollte ich sofort wieder schwanger werden. Es gab da für mich kein Warten. Ich stürzte mich in meine Arbeit als Lehrerin, Mutter und Hausfrau. Zwischendurch ließ ich meinen Gefühlen freien Lauf, weinte und trauerte still für mich. Die Umwelt vergaß die Fehlgeburt schnell. Das tat manchmal weh! Ein Gedanke tröstete mich aber stets: Ich wusste, dass unser verlorenes Kind jetzt bei Gott war. Dort ging es ihm gut – es war glücklich und dem himmlischen Vater nahe. Es würde im Himmel auf mich warten, und eines Tages würde ich es sehen und in meine Arme nehmen können. Dieser schöne Gedanke gab mir auch eine andere Sicht auf den Tod. Bisher hatte ich mit etwas Angst an den Tod gedacht. Nun aber bekam er einen anderen Geschmack. Mein Kind wartet im Himmel auf mich. Darauf freue ich mich heute.

Im Februar wurde ich noch einmal heftig mit meiner Fehlgeburt konfrontiert. Bei drei Frauen aus meinem Freundes- und Bekanntenkreis wurde nämlich langsam ein Bäuchlein sichtbar. Irgendwie war es schon gemein. Diese Frauen hatten das, was ich mir auch so fest gewünscht hatte. So gerne hätte ich jetzt auch mein wachsendes Bäuchlein gezeigt. Eine dieser Frauen hatte den gleichen Geburtstermin, den ich mit meinem Baby gehabt hätte – den 8. Juli 2004. So sehr ich mich für diese Frauen freute, so groß war auch mein Schmerz. Doch dieser Schmerz ging wieder vorbei – es war nur eine kurze Attacke.

Dann im März, nach nur drei Monaten, war auch ich wieder schwanger. Der errechnete Geburtstermin war der 19. November. Also würde ich noch in diesem Jahr ein Kindlein in den Armen halten können, und dies, noch bevor die Fehlgeburt sich jähren sollte. Im ersten Moment war ich außer mir vor Freude, doch sehr bald stellte sich Angst ein. Heute denke ich, dass ich die Fehlgeburt noch zu wenig verarbeitet hatte. Die Wunde war noch zu wenig verheilt.

Viele Gedanken kreisten in den ersten Tagen und Wochen in meinem Kopf. Was, wenn sich meine Erfahrung einer Fehlgeburt wiederholen würde? Wieso sollte ich gerade dieses Kind behalten können? Es gibt schließlich Frauen, die haben mehrere Fehlgeburten nacheinander. Zu meinem eigenen Schutz wollte ich mich noch nicht zu früh freuen. Bald ging ich zum Frauenarzt. Dieser nahm mich ernst und untersuchte mich in den darauf folgenden Wochen häufiger, als es üblich ist. Er wollte mir dadurch Sicherheit vermitteln und mir die Ängste nehmen. Er meinte auch, dass meine Ängste berechtigt wären. Eine Fehlgeburt hinterlasse immer Spuren. Ich solle aber zuversichtlich sein, denn es bestehe kein Grund zur Besorgnis. Ich war ihm dankbar für sein Verständnis. Es verlief dann auch alles sehr gut, und das Baby entwickelte sich prima.

Etwa in der zwölften Schwangerschaftswoche versicherte mir der Arzt, dass ich dieses Kind behalten würde und mir wirklich keine Sorgen zu machen bräuchte. Bei mir wollte sich aber trotzdem noch keine Freude breit machen. Ich kannte Frauen, die hatten ihr Kind auch später noch verloren. So sagte ich mir, dass ich es erst in der 15., 16. Woche glauben würde. Und so schob ich diesen Termin hinaus und weiter hinaus. In der 17. Schwangerschaftswoche spürte ich dann die ersten Kindsbewegungen. Das war genau am 5. Juni. Wir waren unterwegs zu einer Hochzeitsfeier. Es waren ganz feine Bewegungen, fast wie der Flügelschlag eines Schmetterlings. Jetzt wollte ich glauben, dass es gut gehen würde mit dieser Schwangerschaft.

Ich wurde jedoch weiterhin von Ängsten und Sorgen geplagt. Irgendetwas würde noch passieren, so sagte ich mir. Zudem hatte ich ständig das Gefühl, es würde bluten. Wie oft habe ich ein WC aufgesucht und nachgesehen, ob ich Blut entdecken würde. Zu Hause, bei Freunden, in der Stadt oder wo auch immer. Täglich!

Inzwischen war ich in der 22. Schwangerschaftswoche, und zusammen mit meinem Mann und den Buben waren wir beim Arzt. Bei der Ultraschalluntersuchung sahen wir das kleine Menschlein. Alles war in bester Ordnung. Doch vor dieser – und auch jeder anderen Untersuchung – hatte ich große Angst. Bereits auf dem Weg zum Arzt hatte ich weinen müssen und war ganz verkrampft und angespannt gewesen. Nach der Untersuchung – dem Baby ging es gut – war die Erleichterung so groß, dass ich wieder nur weinen konnte. Ich war nervlich sehr, sehr angespannt.

Im September überrollte mich dann das Ganze wie eine riesige Welle. Ich konnte meine Gedanken und Gefühle nicht mehr steuern und hatte mich selbst nicht mehr im Griff. Am Morgen konnte ich kaum mehr aufstehen und den Alltag bewältigen. Ich war müde und völlig erschöpft. So suchte ich am 14. September notgedrungen den Arzt auf, denn ich spürte, dass es so nicht mehr weitergehen konnte. Der Arzt begriff sofort, in welchem Zustand ich mich befand. Er kannte mich schließlich schon ziemlich gut. Er ließ mich sofort krankschreiben. Ich befände mich in einer Depression und sollte meine Ängste noch vor der Geburt in den Griff bekommen. Ansonsten wäre die Wahrscheinlichkeit groß, dass es nach der Geburt noch schlimmer würde und ich postnatale Depressionen bekäme. Ich war völlig niedergeschlagen. Bereits bei Levi, unserem zweiten Kind, hatte ich eine Schwangerschaftsdepression gehabt, und nun schon wieder? Das hatte ich nicht gewollt. Ich hatte mich bisher heftig dagegen gewehrt, sonst hätte ich die ersten Anzeichen viel früher ernst genommen (denn Anzeichen einer Depression waren schon lange vorhanden). Bei dieser außerordentlichen Untersuchung machte der Arzt zu meiner Beruhigung noch einen Ultraschall. Das Baby war wohlauf, schien zufrieden und munter.

Da ich nun ab sofort nicht mehr unterrichten musste, hatte ich Freiraum gewonnen und Zeit, mich meiner Depression voll und ganz zu stellen. Ich ging nun jede Woche zu einer speziell ausgebildeten Hebamme (wie bereits bei Levi) und versuchte, mit ihr das Ganze aufzuarbeiten. Sie hatte früher viele Jahre lang als Hebamme gearbeitet und betreute nun Frauen mit Problemen während und nach der Schwangerschaft. Diese Treffen waren immer sehr intensiv, oft schmerzlich und mit Tränen verbunden. Im Gespräch wurde viel aufgedeckt und ans Licht gebracht. So musste ich feststellen, dass ich mich aus Angst und Misstrauen noch kaum auf das Kind gefreut hatte. Dabei hatte ich mir eine weitere Schwangerschaft so schön vorgestellt. Ich wollte glücklich sein und mich freuen. Was hatte ich bloß aus dieser Schwangerschaft gemacht? Ich machte mir riesige Vorwürfe und hatte ein schlechtes Gewissen dem ungeborenen Kind gegenüber. Ich liebte es ja bereits aus vollem Herzen, doch wie musste sich dieses Kind bei meinen instabilen Gemütszuständen fühlen? Eine solche Mutter hatte es nun wirklich nicht verdient!

Allmählich ging es mir besser. Ich kam wieder zu Kräften und spürte, wie ein Druck von mir wich. Ich versuchte, positiv zu denken und mich zu freuen. Das gelang mir mal mehr, mal weniger. Auch versuchte ich nun, mehr Kontakt mit dem Kind aufzunehmen. Bisher hatte ich sehr wenig mit ihm gesprochen, den Bauch selten gestreichelt. Ich wollte, dass es spürte, dass ich da war und mich freute! Dabei versuchte ich, die Buben mit einzubeziehen. Sie sangen dem Baby Lieder vor, redeten mit ihm und beteten. Solche Momente waren berührend und schön. Levi massierte mir zwischendurch sogar den Bauch.

Am 12. November 2004 kam dann unsere Tochter Mia Noeme zur Welt. Die Geburt verlief reibungslos und so gut wie noch nie. Mia ist ein gesundes, munteres und total süßes Kind. Sie ist pflegeleicht und macht uns viel Freude. Ich bin sehr glücklich und denke manchmal, dass mich Gott jetzt für viel Durchgestandenes belohnt. Ich bin ihm von Herzen dankbar und bin sicher, dass alles seinen Sinn hat! Ich weiß nicht, ob ich so denken würde, wenn ich nicht mehr schwanger geworden wäre. Vielleicht wäre ich jetzt verbittert. Ich schätze mich sehr glücklich und hoffe, dass viele Frauen mit einer Fehlgeburt ein ebenso glückliches Ende erfahren dürfen!

*Andrea Berger, Burgdorf, CH*

# *Gott sieht die Leere*

## *Offene Fragen*

Nach unserer Hochzeit 1996 stand es nie außer Frage, dass einmal Kinder zu unserer Familie gehören sollten. Nach allem Überdenken der beruflichen Konsequenzen erschien mir der Zeitpunkt, als ich Ende 1997 von einer beginnenden Schwangerschaft erfuhr, geradezu perfekt. Die Vorfreude auf das Baby war groß. Gelassen sah ich den kommenden Monaten entgegen, schließlich hatte ich, da es das erste Kind war, keine Ahnung, was da auf mich zukommen würde. Im Sommer 1998 war Philipp endlich da. Für unsere Familie begann nun eine spannende Zeit zu dritt, die uns aber oft auch sehr viel Geduld abverlangte. Es waren die wertvollsten Jahre meines Lebens. Viele schmerzvolle Erfahrungen aus meiner Kindheit und Jugend wurden in dieser Zeit geheilt. Die guten Erlebnisse mit Philipp stärkten den Wunsch nach einem weiteren Kind. Zeitliche Vorstellungen von der weiteren Familienplanung hatten mein Mann und ich jedoch nicht.

Im Februar 2001 habe ich das sichere Empfinden, dass mit meinem Körper etwas nicht in Ordnung ist. Nach der ersten ärztlichen Untersuchung werden lediglich Unregelmäßigkeiten im Zyklusverlauf festgestellt. Wenig getröstet gehe ich nach Hause. Die Wochen, die darauf folgen, sind erfüllt mit Sorge. Immer wieder leichte Blutungen und Beschwerden im Darmbereich. Ich dränge auf einen neuen Arzttermin. Die Untersuchung dauert nicht lange und endet mit der sofortigen Einweisung ins Krankenhaus – Diagnose: Eileiterschwangerschaft. Natürlich habe ich davon gehört, dass es so etwas gibt, aber dass es mich nun selbst betrifft, ist mir unbegreiflich.

Auf dem Weg zum Krankenhaus gehen mir viele Fragen durch den Kopf. Ich habe mich in den letzten Wochen doch gar nicht schwanger gefühlt! Was ist die Ursache einer Eileiterschwangerschaft? Warum wird sie erst so spät erkannt? Die Ärzte im Krankenhaus vertrösten mich mit der Beantwortung meiner Fragen. Es bleibt keine Zeit, ich werde sofort operiert. Auf dem Weg zum OP fällt mir mit Erschrecken ein: Ich habe mich nicht einmal von meinem Mann und meinem Sohn ordentlich verabschieden können. Es bleibt nur Zeit für ein Stoßgebet, und schon wirkt die Narkose.

Ich wache auf und habe entsetzliche Schmerzen. Aber wenigstens höre ich telefonisch die Stimmen meiner beiden »Männer« und habe das Gefühl, jetzt wird alles gut. Trotz nachlassender Schmerzen kommt es wenige Stunden später zu einem Kreislaufkollaps, und schon befinde ich mich mitten in der Nacht wieder im OP, da es zu einer inneren Blutung gekommen ist. Die Tage nach diesen sich überschlagenden Ereignissen erlebe ich wie in Trance und bin nur froh, dass ich überhaupt noch lebe. Eine Störung des Gleichgewichts durch den Blutverlust und die allgemeine Schwäche machen lieb gemeinte Besuche meiner Familie sehr anstrengend. Ich kann einfach nicht begreifen, wie ich als junger Mensch, der vor wenigen Tagen noch mit beiden Beinen im Leben stand, körperlich so schnell abbauen kann. Liebevoll kümmern sich die Frauen in meinem Zimmer (sie sind alle 30 bis 50 Jahre älter) um mich.

Endlich bleibt auch Zeit für die Antworten auf meine Fragen. Eine Ärztin erklärt mir, dass die Ursachen einer Eileiterschwangerschaft oft ungeklärt bleiben und die typischen Schwangerschaftssymptome häufig fehlen, weil sich der Embryo nicht in der Gebärmutter eingenistet hat. Oft wird eine Eileiterschwangerschaft erst erkannt, wenn der Embryo zu groß geworden ist und der Eileiter (fast) platzt. Eine Operation ist nun nicht mehr zu umgehen.

Ich werde sehr nachdenklich, da ich weiß: Der beschädigte Eileiter ist bei mir nicht entfernt worden. Es kann also jederzeit wieder passieren. Die Ärztin beruhigt mich. Immerhin habe ich ja schon ein Kind, der andere Eileiter scheint also zu funktionieren. Was soll ich mit dieser Aussage bloß anfangen?

Schon bald nach diesem Gespräch werde ich nach Hause entlassen. Körperlich bin ich so geschwächt, dass ich etwa ein Jahr nach den Operationen immer noch mit Folgebeschwerden zu kämpfen habe. Erst dann stellen sich dank meiner Familie wieder Lebensfreude und positive Gedanken an die Zukunft ein.

Oft funktioniere ich als Mutter oder Ehefrau nur. Alle meine Wünsche und Vorstellungen erscheinen mir auf einmal unrealistisch. Lange Zeit habe ich keine Gefühle über den Verlust des Babys. Ich habe ja das werdende Leben weder in meinem Körper gespürt noch erahnen können. In meiner Vorstellung war es Zellgewebe, das mir entfernt wurde. (Erst einige Jahre später habe ich erfahren, dass der Embryo im begrenzten Raum des Eileiters genauso heranwächst wie in der Gebärmutter.)

Den Gedanken an eine weitere Schwangerschaft schiebe ich erst einmal weit weg von mir. Eine neue berufliche Herausforderung bringt mir Abwechslung und Neuorientierung.

## *Hoffnung*

Endlich habe ich Gewissheit! Eine ambulante Untersuchung der Eileiter bestätigt, dass eine Schwangerschaft nur noch über die intakte rechte Seite möglich ist. Ich bin ermutigt und freue mich im Dezember 2003 über ein neues heranwachsendes Kind in mir, das sich auch an der richtigen Stelle platziert hat. Doch kurz nach Weihnachten setzen leichte Blutungen ein. Noch versetzt mich dieser Umstand nicht in Panik. Als ich mit meinem Sohn schwanger war, habe ich etwa in der gleichen Schwangerschaftswoche Ähnliches erlebt. Die Schwangerschaft war intakt, und nach wenigen Wochen Ruhe verschwanden auch die Beschwerden. Noch bin ich voller Hoffnung, dass auch diesmal alles gut gehen wird.

Eine Vorstellung beim Arzt ist unumgänglich. Leider muss ich diesmal eine andere, mir nicht bekannte Ärztin konsultieren. Nie werde ich die Sekunden vergessen, in denen mir die Ärztin bei der Ultraschalluntersuchung eiskalt mitteilt, dass mein Kind nicht mehr lebt. Einfach so – keine Erklärung – nichts! Ich kann nicht einmal nach dem Warum fragen, schon halte ich die Überweisung ins Krankenhaus in den Händen. Und so finde ich mich morgens um 8.00 Uhr auf einem menschenleeren Marktplatz einer Kleinstadt wieder und bin fassungslos. Fast scheue ich mich, meinen Mann anzurufen, weil ich weiß, dass ihn die Nachricht genauso hart trifft wie mich. Im Krankenhaus finde ich ein Stück meiner Sicherheit durch das mir nun schon bekannte Stationspersonal wieder. Einfühlsam erklärt mir eine Ärztin, was nun weiter mit mir passiert. Schon eine Stunde nach meinem Eintreffen werde ich operiert. Völlig schmerzfrei wache ich auf, meine Gedanken sind noch sehr durcheinander. Eine Schwester schaut zur Tür herein, fragt nach meinem Befinden und ob ich Hunger habe. Natürlich habe ich Hunger. Sie hat zwar nur Zwieback für mich, aber diese kleine freundliche Geste der Schwester ist mir bis heute in guter Erinnerung geblieben. Der Nachmittag vergeht mit Besuch von meinem Mann und meinem Sohn. Es tut so gut, aber zugleich auch so weh. Wir wissen, auch ohne es auszusprechen, dass es schwer wird, diesen Verlust zu verstehen.

In dieser Nacht schlafe ich schlecht. Ich nehme mir ein Buch zur Hand, um mich abzulenken. Tatsächlich begreife ich gar nichts von dem, was ich lese. Die Nachtschwester ist überrascht, dass ich wach bin, und fragt nach meinem Befinden. Was soll ich ihr sagen? Alle Ärzte und Schwestern sind so um mich bemüht, aber können sie erahnen, was mich wirklich bewegt? Stehen sie nicht selbst auch ein Stück hilflos und nach Worten ringend menschlichen Schicksalen gegenüber? Mein Aufenthalt im Krankenhaus währt nicht lange. Schon am nächsten Tag werde ich entlassen. Es ist Silvester. Ich wünsche mir, dass das neue Jahr schönere Momente für mich bereithält.

Es ist gut, dass in Wüstenzeiten des Lebens manchmal eine Oase am Horizont zu erkennen ist. Eine solche Oase erlebe ich im Frühsommer 2004, nachdem mir nach Beantragung einer Mutter-Kind-Kur diese auch innerhalb kürzester Zeit genehmigt wird. Ich genieße diese Wochen der Erholung und des Loslassens der Alltagsprobleme. Hoch motiviert und energiegeladen kehre ich in den Alltag und den Beruf zurück.

Zwei Wochen, nachdem ich meine Arbeit wieder aufgenommen habe, bemerke ich eine ungewöhnliche Zwischenblutung. Schnell nehme ich ein medizinisches Fachbuch zur Hand und bin einigermaßen beruhigt, dort zu lesen, dass Zwischenblutungen häufig völlig harmlos sind. Ein unbestimmtes, ungutes Gefühl drängt mich jedoch dazu, einen Arzttermin zu vereinbaren. Schon sitze ich wieder einmal voller Ungewissheit im Wartezimmer der Arztpraxis. Wenige Zeit später steht die ernüchternde Diagnose fest. Wie haben sich doch vor Jahren die Ärzte getäuscht, ich habe wieder eine Eileiterschwangerschaft. Und diesmal ohne die geringste Vorwarnung meines Körpers.

Wie schon mehrmals erlebt, begebe ich mich ohne eine Verabschiedung von meinen Lieben in die Hände der operierenden Ärzte und hoffe nur, dass alles gut geht. Es geht alles gut, die Schmerzen danach sind auszuhalten. In diesen Stunden frage ich mich: Haben wir als Familie, aber auch jeder für sich – mein Mann, Philipp oder auch ich – überhaupt noch eine Chance, dass diese inneren Wunden irgendwann einmal heilen werden?

In den folgenden Tagen meines Krankenhausaufenthaltes werde ich täglich einer harten Prüfung unterzogen. Eine mir gegenüberliegende ganz junge Patientin, mit der ich mich auf Anhieb gut verstehe, ist wegen Komplikationen im sechsten Monat der Schwangerschaft eingeliefert worden. Zur Kontrolle werden nun jeden Vormittag die Herztöne ihres Babys am CTG-Gerät überprüft. Eine halbe Stunde lang hört das ganze Patientenzimmer die munteren Herztöne des Babys. Welche Ironie des Schicksals, dort schlägt das Herz eines Kindes im Bauch seiner Mutter, mein Kind ist vor wenigen Tagen »entfernt« worden. Gerne möchte ich aufstehen, um das fröhliche Klopfen nicht hören zu müssen, aber noch fehlt mir die körperliche Kraft dazu. Ich muss lernen: Das ist der Krankenhausalltag. Da ist kein Platz für die Gefühle jedes einzelnen Patienten.

Dankbar möchte ich trotz allem an dieser Stelle sagen, dass nach meinen Erfahrungen während der Krankenhausaufenthalte seitens der Ärzte und Schwestern in aller Hektik ihrer Arbeit immer Zeit für aufmunternde Worte und ein freundliches Lächeln blieb.

Noch in diesen Tagen kurz nach der OP komme ich zu einer Erkenntnis, die mich bis heute zutiefst berührt. Ich bitte eine gute Freundin, mir aus ihrem Arbeitsbereich Fachliteratur zu Fehlgeburt, Eileiterschwangerschaft u. Ä. zu besorgen. Für mich ist es einfach wichtig, Zusammenhänge des menschlichen Körpers zu verstehen. Nach der ersten Eileiterschwangerschaft war ich der Annahme, dass der Embryo im Eileiter gar keine Chance hat, sich zu entwickeln. Die Fachliteratur meiner Freundin zeigt jedoch schön illustriert, dass der Embryo im Eileiter in den ersten Wochen die gleichen Entwicklungsphasen wie bei einem Sitz in der Gebärmutter durchläuft. Es ist ein Schock für mich!

Nach medizinischen Angaben schlägt das Herz eines Kindes bereits ab der fünften Schwangerschaftswoche. Ich weiß, dass ich mich zum Zeitpunkt der Operationen schon mindestens in der achten oder neunten Schwangerschaftswoche befunden habe. Ist es möglich, dass in diesem so beengten Raum des Eileiters schon ein kleines Herz zu schlagen begonnen hatte? Es ist eine Gnade, dass ich mit meinem Verstand nicht alles ergründen und begreifen kann.

Wieder zu Hause, beginnt für mich die in meinen Augen wohl schwerste Zeit nach solchen früh beendeten Schwangerschaften. Die hormonelle Situation pegelt sich wieder ein. Es ist eine Zeit, in der die Gefühle Purzelbäume schlagen. Gerade in diesen schwierigen Moment fällt unser Sommerurlaub. Eigentlich sollte es wohl einer der schönsten Augenblicke für eine Familie im Laufe eines Jahres sein. Ich glaube, für meinen Mann und meinen

Sohn war ich in diesen Urlaubstagen eher eine Belastung als eine Bereicherung. Da ist diese Erinnerung an das verlorene Kind noch nicht ansatzweise verarbeitet, da muss ich als Mutter und Ehefrau natürlich schon längst wieder »funktionieren«. Und möglichst noch gute Urlaubslaune verbreiten. Dabei habe ich ganz andere Probleme. Wie wird die Zukunft unserer Familie aussehen? Aus der Traum von einem zweiten Kind?

Ein Bibelwort begegnet mir in den folgenden Wochen sehr häufig: *Lass dir an meiner Gnade genügen; denn meine Kraft ist in den Schwachen mächtig* (2. Korinther 12, 9). Ich treffe beim Lesen eines Buches auf diesen Spruch, höre ihn im Gottesdienst, bekomme eine Postkarte mit dieser Zusage. Die guten Worte verfolgen mich regelrecht. Dankbar blicke ich auf mein Leben und kann an vielen kleinen und großen Dingen Gottes Gnade feststellen: Ein fester Arbeitsplatz, eine gesunde Familie, ein fröhliches Kind, alles das sind Geschenke Gottes. So will ich auch die Zeiten der Schwachheit annehmen, denn er hat versprochen, mich auch dort hindurchzuführen.

Eine Frage beschäftigt mich nun noch sehr. Werde ich meine drei ungeborenen Kinder im Himmel einmal wieder sehen? Ein Gespräch mit einer Frau, die ich auf einer Veranstaltung zum Thema »Heilung« kennen lerne, bringt endlich Gewissheit. Diese Kinder werden schon jetzt bei Gott einen besonderen Platz haben. Ein interessanter Gedanke schießt mir nach dem Gespräch durch den Kopf. Meine Schwester hat immer großen Anteil an meinen Enttäuschungen der letzten Jahre genommen. Sie selbst hat vier Kinder. Eines Tages werde ich ihr in nichts nachstehen. Bei Gott werde ich einmal mindestens vier Kinder haben, drei sind schon jetzt bei ihm, eines hat er mir in diesem Leben anvertraut.

## *Hannahs Loblied*

In der Bibel steht, Gott hat einen Plan für mein Leben. Ich darf aber auch Dinge, die mir am Herzen liegen, im Gebet vor ihn bringen. Ab sofort befinde ich mich auf einer regelrechten Gratwanderung. Oft bete ich: »Jesus, zeige mir den Weg, den du mit mir vorhast. Sei es im Beruf oder in der Familie. Ich möchte lernen, meine Lebensumstände so hinzunehmen, wie du sie gemeint hast.« Ein nächstes Mal bete ich: »Jesus, du siehst den Wunsch nach einem zweiten Kind. Ich weiß, dass die Chancen nach menschlichem Ermessen nicht gut stehen, aber bei dir ist nichts unmöglich.«

So vergehen nun Monate der Erwartung und Spannung. Meine Frauenärztin hat die Hoffnung noch nicht aufgegeben und überweist mich zu Spezialisten auf dem Gebiet des »unerfüllten Kinderwunsches«. Hoffnung verspricht das Ergebnis einer kleinen operativen Untersuchung des rechten Eileiters, der völlig in Ordnung zu sein scheint.

Tatsächlich, im Februar 2005 steht es fest: Ich bin wieder schwanger, und alles sitzt am richtigen Platz.

Ich gönne mir die Ruhe zu Hause und bin dankbar für jeden einzelnen Tag, den das Baby in meinem Bauch wächst. Das Wissen um meine Schwangerschaft macht nun im Verwandten- und Freundeskreis die Runde. Viele von ihnen sind von mir ein bisschen enttäuscht, weil meine Vorfreude auf das Baby noch sehr verhalten ausfällt. Dann erzähle ich ihnen von der Angst, die ganz tief in mir drin ist. Von der Angst, nach all den Enttäuschungen daran zu glauben, dass es diesmal gut gehen wird. Ich weiß nicht, ob jemand, der nie eine Fehlgeburt oder Ähnliches erlebt hat, eine solche innere Not verstehen kann.

In den ersten Wochen meiner Schwangerschaft wird in unserem Ort ein Mädchen mit dem Namen Hannah geboren. Ich möchte mehr über diesen Namen und die Frau namens Hannah erfahren, über die auch die Bibel schreibt. Auf Anhieb weiß ich aber nicht, in welchem Buch die Bibel über Hannah berichtet. Tatsächlich höre ich in zwei kurz aufeinander folgenden Veranstaltungen unserer Kirchengemeinde Verse aus Hannahs Lobgesang. Voller Begeisterung lese ich nun die Geschichte der Hannah im Buch Samuel nach. Es ist so erstaunlich, was ich dort lese.

Hannah betet viele Jahre verzweifelt darum, dass Gott ihr ein Kind schenken möge. Das Wunder geschieht, Gott schenkt ihr einen Sohn – Samuel. Dennoch muss sich Hannah schon bald von Samuel trennen, weil sie Gott das Versprechen gegeben hat, dass ihr Sohn ihm ein Leben lang dienen soll (1. Samuel 1 + 2).

Was für eine starke Frau! Sie gibt ihren kleinen Sohn, um den sie jahrelang gebetet hat, in die Obhut eines Priesters. Aber Gott hat die entstandene Leere in Hannahs Herzen gesehen und wieder ausgefüllt. In 1. Samuel 2, 21 steht: *Und wirklich. Der Herr schenkte Hannah noch drei Söhne und zwei Töchter.*

Beim Lesen merke ich: Hannahs Geschichte ist auch ein Stück weit meine Geschichte. Auch ich musste loslassen, und in meinem Herzen existiert eine Leere. Gott sieht diese Leere. Er sieht auch meine Unvollkommenheit und mein Versagen. Aber ich darf darum bitten, dass er diesen Mangel ausfüllt.

Vielleicht hat er gerade jetzt damit angefangen.

Im Oktober 2005 wurde Katharina geboren. Unser kleines Mädchen kam genau am errechneten Termin auf die Welt. Es war bis zum Schluss eine völlig normale und unkomplizierte Schwangerschaft und Geburt. Aber natürlich war von Anfang an immer die Angst in meinem Kopf, es könnte wieder etwas schief gehen. Insofern konnte ich die Schwangerschaft nicht so unbeschwert genießen wie damals bei meinem ersten Kind. Aber nun ist sie da, und um vieles habe ich mir umsonst Sorgen gemacht. Noch Anfang Oktober 2004 hatten uns spezialisierte Ärzte in Leipzig keine Hoffnung auf ein weiteres Kind (auf natürlichem Weg) gemacht. Es ist nur gut, dass Gott nicht nach menschlichem Ermessen, sondern nach seinen Maßstäben handelt.

*Reingard Reuter, Erzgebirge, D*

## *Abschied am Fluss*

Nicola war zehn Monate alt, als ich wieder schwanger wurde. Ich wusste es vom ersten Moment an, und wir freuten uns riesig auf das zweite Kind. Ich hatte mich gerade entschieden, meine Stelle zu kündigen. Der zeitliche Ablauf schien mir perfekt: Noch ein paar Monate arbeiten, dann würde mir genug Zeit bleiben, mich auf die Geburt und das Baby vorzubereiten. Bei Nicola waren die Schwangerschaft, Geburt und erste Babyzeit ohne Probleme verlaufen, und mir war es sehr gut gegangen. Nun erwartete ich nichts anderes, als dass es wieder so sein würde. Ich schob den ersten Arzttermin vor mir her, weil ich mich gesund und gut fühlte. Und so waren die weiteren Ereignisse für mich ein Schock. Bei der ersten Kontrolle in der 14. Schwangerschaftswoche stellte der Arzt bei mir eine missed abortion (das Kind stirbt in der Gebärmutter ab, wird aber nicht ausgestoßen) fest. Mein Körper war noch ganz auf die Schwangerschaft eingestellt, doch das Kind war schon seit einigen Wochen nicht mehr am Leben. Da ich keine eigentliche Fehlgeburt mit Blutungen hatte, musste ich zu einer Ausschabung unter Narkose ins Krankenhaus. Ich erhielt einen Termin für die folgende Woche.

Die kommenden Tage waren für mich voller Trauer und Chaos, aber auch eigenartig feierlich. Ich ging zur Arbeit und funktionierte im Alltag. Der Schmerz und die Enttäuschung waren riesig. Gleichzeitig war ich froh, dass ich nicht gleich ins Krankenhaus musste. Mir kam es so vor, als wenn eine Leiche zu Hause aufgebahrt wird und noch ein paar Tage bei der Familie ist. Ich durfte das kleine tote Wesen noch ein Weilchen bei mir behalten, bevor ich es hergeben musste. Diese Zeit war wichtig für mich, ich konnte mich in Ruhe verabschieden.

Wenige Tage später hatte mein Mann Johannes Geburtstag. Anstatt mit ihm zu feiern, musste ich dann doch als Notfall in die Klinik, da Blutungen einsetzten. Der Eingriff war sehr unangenehm. Es war eine nüchterne medizinisch-technische Angelegenheit. Ich war froh, rasch wieder nach Hause gehen zu können. In den folgenden Tagen spürte ich die Hormonumstellung deutlich. Ich fühlte mich dünnhäutig wie nach einer Geburt und brauchte viel Ruhe.

Ganz wichtig war mir unsere kleine Abschiedsfeier. Bald nach dem Verlust hatte ich den Wunsch, mich mit einer feierlichen Handlung von unserem kleinen Kind zu verabschieden. Ich sah auch gleich vor mir, was ich tun wollte. Als der ganze Stress mit dem Krankenhausaufenthalt vorbei war und ich mich etwas erholt hatte, machten Johannes und ich uns an die Arbeit: Wir gestalteten ein kleines Floß aus Holz, legten Kerzen, Blumen und einen Abschiedsbrief darauf, auch ein Ultraschallbild und weitere Gegenstände, die zu unserem Kleinen gehört hatten. Am Abend spazierten wir an die nahe Aare, zündeten die Kerzen an und übergaben der Aare das Floß mit einem Gebet und einem Lied. Das Floß hat wunderschön ausgesehen und ist ganz langsam von uns weggeschwommen.

Ich weiß nicht, was Nicola von der ganzen Geschichte mitbekommen hat. Auf jeden Fall war der sonst aktive Junge ganz ruhig und hat mit uns zusammen den Kerzen nachgeschaut.

Diese Feier war für mich ein Meilenstein in der Verarbeitung des Verlustes. Sie war wie eine Beerdigung, ein sichtbarer Abschied. Ein Teil der Trauer ist mit diesem Floß verschwunden, die Schwere auf meinem Herzen hat sich langsam gelöst. Es hat mir sehr geholfen, den Abschied als Paar und kleine Familie feiern zu können.

Wenn ich heute an das verlorene Baby denke, ist dieser Abschied an der Aare ein ganz wichtiger Teil der Erinnerung.

Johannes war bei der ersten Untersuchung beim Arzt dabei und war auch sehr betroffen und traurig. Am Anfang fühlten wir uns einander nahe in der Trauer. Johannes brauchte dann weniger

Zeit zum Verarbeiten. Er hat das Erlebnis auch rationaler einordnen können als ich. Später fühlte ich mich von ihm nicht mehr so verstanden. Johannes wollte, dass ich mich nicht mehr mit der Fehlgeburt befasse. Er hatte Angst, dass ich nicht mehr aus der Trauer hinausfinde. Und ich brauchte einfach noch etwas mehr Zeit. Daraus haben sich manchmal auch Spannungen ergeben.

Gott zeigte mir auf eine Weise seine Nähe, die ich nicht erwartet hätte. Er hat mir zwei Lieder gegeben, die ich in dieser Zeit hörte und die in meinem Innern immer wieder ertönten. Das eine, *Kadosch*, ist hebräisch und besingt die Heiligkeit Gottes. Das andere ist ein schweizerdeutsches Kinderlied von Verena Morgenthaler. Davon ist mir der letzte Satz immer wieder in den Sinn und in die Ohren gekommen: *Liebe Gott bis ou derby, dert wo d'Chind und d'Ängel si. (Lieber Gott, sei auch dabei, dort, wo die Kinder und die Engel sind.)* Mit diesen Liedern hat er mir immer wieder gesagt, dass das kleine Wesen bei ihm ist und er der heilige Gott ist, der mir in Liebe begegnen will. Die Fehlgeburt fiel in eine Zeit, in der ich mich geistlich eher leer fühlte und mit Gott nicht viel erlebte. Es war deshalb auch eine besondere Erfahrung, dass Gott mir so viel Nähe und Liebe geschenkt hat in Form dieser Lieder und in Form von Menschen, die mir geholfen haben. Er hat mich getragen, und ich spürte den Boden unter meinen Füßen.

Wenige Monate nach der Fehlgeburt wurde ich erneut schwanger. In die große Freude mischte sich aber immer wieder Angst. Angst vor einem weiteren Verlust, vor Komplikationen, vor Behinderungen. In der ersten Schwangerschaft hatte ich nie solche Ängste gehabt. Ich spürte, dass ich noch nicht alles verarbeitet hatte. Der Schreck saß wohl doch tiefer, als ich gedacht hatte. Ich nahm dann in der frühen Schwangerschaft den Segnungsdienst unserer Gemeinde in Anspruch. Die Gebete mit anderen haben mir geholfen. Ganz so unbeschwert wie bei Nicola war ich in dieser Schwangerschaft nicht mehr. Aber ich spürte, dass Gott mir Kraft gab, egal, was kommen würde.

Termingerecht und putzmunter kam dann Alice bei uns zu

Hause auf die Welt. Sie war mit nur 2070 g sehr klein und leicht. Ihre Plazenta und Nabelschnur waren mangelhaft ausgebildet und versorgten Alice am Schluss nur noch knapp. Wir sind sehr dankbar, dass sie trotzdem gesund ist. Ich denke, sie hat unsere Gebete während der Schwangerschaft dringend gebraucht.

*Ruth Bühler, Port, CH*

## *Kurz, aber schmerzvoll*

Meine Frau und ich wünschen uns seit Jahren Kinder. In den ersten Jahren unserer Ehe hatten wir aus zwingenden beruflichen Gründen eine Schwangerschaft vermieden. Als wir dann offen waren, wurde meine Frau nicht schwanger. Medizinische Schwierigkeiten wurden durch Untersuchungen deutlich – aber auch die konnten im Frühjahr 2004 gelöst werden. Nach und nach stellten wir uns innerlich auf ein Kind ein. Auch beim Umzug achteten wir darauf, ein Zimmer als Kinderzimmer einrichten zu können.

Während unseres Urlaubs im Herbst 2004 wurde Ruth schwanger. Wir reagierten auf diese Nachricht mit großem Glücksgefühl und tiefer Freude. Durch den technischen Fortschritt der letzten Jahre konnte meine Frau unser Kind beim ersten Frauenarzttermin durch den Ultraschall bereits in der achten Schwangerschaftswoche sehen und hören! Zu dem zweiten Frauenarzttermin kam ich auch mit, um unser Kind durch Ultraschall zu sehen. Während meine Frau von den abnehmenden Symptomen (Verringerung der Übelkeit etc.) erzählte, reagierte die Frauenärztin sehr verhalten. Bei der Ultraschalluntersuchung bestätigte sich ihr Verdacht – unser Kind war während der zehnten Schwangerschaftswoche gestorben. Während Ruth und ich es kaum fassen konnten und von der neuen Situation völlig überrascht waren, reagierte die Frauenärztin fast hysterisch. »Sie müssen sofort in eine Klinik … ich bereite alles vor … die sollen es ja nicht wagen, wegen des Wochenendes den Termin zu verschieben …« Uns überforderte diese Reaktion. Deshalb baten wir um Bedenkzeit und verabredeten, uns am nächsten Morgen zu melden.

An diesen Abend erinnere ich mich kaum noch – wir nahmen

uns viel Zeit füreinander, beteten und versuchten, das kaum Fassbare zu begreifen. Wir wollten niemanden sehen, nicht mit anderen darüber sprechen müssen. »Kann es wirklich sein, dass unser Kind tot ist? Vielleicht ist es ja eine Fehldiagnose, und durch einen technischen Fehler würden wir dann unser Kind töten lassen.« Wir entschlossen uns nach ärztlicher Rücksprache, mit dem Eingriff noch zu warten. An diesem Wochenende erlebte meine Frau eine Veränderung an ihrem Körper. Die Schwangerschaftssymptome nahmen immer mehr ab, sie spürte, dass unser Kind tot war. Der Zweifel wich immer mehr dieser Gewissheit. Dieses Erlebnis war sehr wichtig für uns – ähnlich, wie bei der Aufbahrung des Toten durch die zeitliche Veränderung des Körpers der Tod fassbarer wird, so half die immer deutlicher werdende Abnahme der Schwangerschaftssymptome meiner Frau und mir, den Tod unseres Kindes zu begreifen.

Während meine Frau das Wochenende arbeiten ging, blieb ich ständig in ihrer Nähe, sodass ich sie bei Komplikationen sofort in ein Krankenhaus hätte bringen können. Ich war sehr besorgt um Ruth – ging es ihr einigermaßen? Wie würde sie das alles überstehen? Ich konzentrierte mich auf die »fachliche« Seite dieser Situation; Fragen wie: »Können wir unser Kind beerdigen?« und »Welche Möglichkeiten sind rechtlich vorgegeben?« und auch »Wo möchten wir unser Kind beerdigen?« waren einige Punkte. Als Seelsorger war mir manches bekannt, aber ich hatte mich nicht so intensiv mit den Fragen auseinandergesetzt, wie ich es jetzt tun musste. Eine befreundete Bestatterin half mir sehr – bei der Klärung von Fragen, aber beispielsweise auch dadurch, dass sie den Kontakt mit dem Friedhofsamt übernahm. Gerade bei der Friedhofsverwaltung stellten sich im Laufe der Vorbereitung der Beerdigung unerwartete Schwierigkeiten ein. »So etwas haben wir hier noch nie gemacht. Aber Kosten werden auf jeden Fall entstehen.«

An diesem Wochenende nahm ich über das Internet Kontakt mit der örtlichen Gruppe »Verwaiste Eltern« auf; dort konnten wir uns kurzfristig Literatur ausleihen. Zusätzlich recherchierte ich im Internet, besorgte Bücher und bereitete nach einer Vorlage eine »Ärztliche Unbedenklichkeitsbescheinigung für die Bestattung eines toten Babys gemäß des Bestattungsanspruches der Eltern« vor. Dazu verwendete ich eine Vorlage von Hannah Lothrop; allerdings konnten wir durch einige Veränderungen im Text unser Kind selbst mitnehmen und hatten nicht die Pflicht, einen Bestatter zu beauftragen.

Am darauf folgenden Montag war der Termin des Eingriffs. Wir fuhren zum Krankenhaus und durften erleben, dass die behandelnde Ärztin unseren christlichen Glauben teilte. Sie ging sehr freundlich mit uns um und war für alle Schritte des Umgangs mit unserem Kind offen – obwohl noch niemand in dieser Klinik um die Herausgabe des Kindes in diesem Alter gebeten hatte. Das alles hat uns sehr getröstet, und wir empfanden es als »gnädige Fügung«. Der Eingriff selbst verlief ohne Komplikationen, und auch die Übergabe des Kindes ging problemlos vonstatten.

Für uns ist die ärztliche Bescheinigung ein wichtiges Erinnerungsstück, ein Memento, an unser Kind geworden. Aufgrund des Gewichts unter 500 Gramm gibt es keine Geburts- oder Sterbeurkunde. Trotzdem haben wir durch die ärztliche Bescheinigung, wie andere betroffene Eltern es formulierten, »nun endlich etwas in der Hand«, haben es »schwarz auf weiß«, dass unser Kind existierte.

Während der darauf folgenden Tage merkten wir, dass wir unterschiedlich trauerten. Während meine Frau sich (auch bedingt durch den medizinischen Eingriff) zurückzog und Ruhe brauchte, fehlte es mir manchmal, neben den organisatorischen Fragen über diese Situation zu reden. Da ich keinen Urlaub nehmen konnte, schrieb ich einige Gedanken auf. Dabei entstand folgendes Gedicht:

*Ich fühle mich sehr traurig – mein Kind ist tot!*
*Wie groß ist der Verlust? Kleiner, weil dieses Kind so kurz lebte?*
*Nie werde ich sein Gesicht sehen, das Kind riechen und*
*berühren können.*

*Nie werde ich mich über das Verhalten dieses Kindes freuen,*
*nie darüber traurig sein können.*
*Nie werde ich es lachen oder weinen sehen.*
*Nie werde ich es in den Armen halten und trösten dürfen.*
*Nie …*
*Eines Tages – wer weiß, wie fern oder nah er ist – dann …*
*im Angesicht Gottes werde ich es sehen, ihm nahe sein dürfen.*
*Ich bin mir ganz sicher … sofort werde ich es erkennen.*

Ein wichtiger Aspekt war für uns die Namensgebung für das Kind. Wir sind der festen Überzeugung, dass unser Kind kein »Zellklumpen« ist, sondern ein unverwechselbarer und einzigartiger Mensch, von Gott geschaffen. Auch wenn unser Kind nie das Licht der Welt erblickt hat, so hat es Gott doch im Körper von Ruth geschaffen und geformt (nach Psalm 139). Deshalb entschlossen wir uns, unserem Kind einen Namen zu geben. Da wir das Geschlecht des Kindes nicht wussten, entschieden wir uns für einen Namen, der sowohl für Mädchen als auch für Jungen gebräuchlich ist: CHRIS.

Wir empfanden es als herausfordernd, in unserer Trauer nach hilfreichen Formen und Ausdrucksweisen unserer Gedanken und Gefühle zu suchen. Ein Versuch, das »Unfassbare« für uns fassbarer zu machen, war die Totenaufbahrung von Chris. Wir besorgten uns ein Körbchen (ähnlich wie das »Moses-Körbchen« der Initiative »Verwaiste Eltern«) und nahmen uns einen Abend Zeit dafür. Wir legten diese Schatulle, in die wir Chris hineingelegt hatten, auf einen Tisch und stellten Kerzen darum auf. Dann nahmen wir uns Zeit für Gebete, Lieder, Stille und auch das Gespräch miteinander. Diese Erfahrung bedeutete besonders meiner Frau viel. Für mich war das Ritual der »Grabbeilage« sehr intensiv. Neben einem Kreuz legte ich ein Stück Pullover in dieses Körbchen. Dieser Pullover hatte für mich aus unbestimmten Gründen das Gefühl von Vaterschaft. Er war weich, und ich hätte gerne diesen Pullover getragen, wenn ich Chris als lebendiges Kind auf meine Arme hätte nehmen können. So konnte ich Chris etwas von mir, von meinen Wünschen mit in das Grab geben. Dazu legten wir noch das Gedicht, das ich in den ersten Tagen unserer Trauer geschrieben hatte.

Die Beerdigung fand etwa 14 Tage nach der Todesnachricht statt. Es gibt sehr unterschiedliche Möglichkeiten der Bestattung: gemeinsames Kindergrab, anonyme Bestattung und vieles mehr. Wir entschieden uns, Chris in dem Familiengrab meiner Frau zu beerdigen. Dieses Grab ist seit über 100 Jahren im Besitz der Familie von Ruth – wir freuen uns immer wieder daran, dass wir so Chris »in den Schoß der Familie« geben konnten. Die Trauerfeier wurde von einem befreundeten Pastor gehalten. Das tat mir sehr gut. In den vorhergehenden Tagen hatte ich mich vor allem um meine Frau und das meiste Organisatorische gekümmert; mein Beruf als Seelsorger und meine eigene Betroffenheit vermischten sich stark miteinander. Bei der Beerdigung von Chris konnte ich allein Betroffener sein. Bei der Trauerfeier gab es Gebete, eine kurze Predigt, aber auch die Möglichkeit, selbst etwas zu sagen. So konnten wir gut Abschied von Chris nehmen. Nach der Beerdigung trafen wir uns zum »Leidmahl« und sprachen über die vergangene Zeit.

Jetzt sind einige Monate vergangen. Wir nehmen uns immer wieder Zeit, über Chris zu reden. Außerdem haben wir einen Ordner mit Fotos, Unterlagen und vielem mehr für Chris angelegt. Chris hat uns verändert: *Gepriesen sei der Gott und Vater unseres Herrn Jesus Christus, der Vater des Erbarmens und der Gott allen Trostes. Er tröstet uns in all unserer Not, damit auch wir die Kraft haben, alle zu trösten, die in Not leben, durch den Trost, mit dem auch wir von Gott getröstet worden sind* (2. Korinther 1,3 + 4). In vielen Gesprächen, die sich aufgrund unserer Erfahrungen mit Chris ergeben haben, erlebten wir beides: getröstet zu werden und anderen Trost weitergeben zu können.

*Tobias Rautenberg*

Nun sind einige Jahre vergangen. Gott hat uns zwei weitere Kinder anvertraut und uns so in eine ganz neue Familiensituation gestellt. Die Trauer um Chris hat sich verändert und ich mich auch. Viele Gespräche haben sich aufgrund dieser Erfahrung ergeben, manches Leid konnte ausgesprochen werden. So habe ich weiter Trost erfahren und konnte auch Trost weitergeben. Ich werde dankbarer für die kurze Begegnung mit Chris und freue mich auf die lange Begegnung mit unserem Kind im Himmel.

*Tobias Rautenberg*

# »Nur eine Fehlgeburt ...«

Mein Mann Erich und ich, wir haben uns schon immer eine große Familie mit vier Kindern gewünscht. Im Januar 2001 wurde unser Sohn Erich Jakob geboren, im Januar 2004 unsere Tochter Sarah. Als sie ein Jahr alt war, verspürte ich wieder den Wunsch nach einem Baby – diesmal sollte der Altersabstand nicht ganz so groß sein wie bei unseren ersten beiden Kindern, in der Hoffnung, dass die Geschwister dann noch besser miteinander spielen könnten.

Im Februar 2005 war ich wieder schwanger. Ich registriere das immer sofort; schon drei Tage nach dem Ausbleiben meiner Periode habe ich einen Schwangerschaftstest gemacht, und die magischen zwei Streifen erschienen auf dem Papier. Es war ein Sonntag – am Abend dieses Tages habe ich meiner Familie die »freudige Nachricht« überbracht. Wir saßen alle zusammen auf dem Sofa und haben einen Familiengottesdienst gehalten. Dabei haben wir auch für das neue Baby gedankt und gebetet und gemeinsam aus der Bibel den »Lobgesang der Hannah« in 1. Samuel 2, 1–10 gelesen. Da ist Hannah voller Freude darüber, dass sie mit ihrem Sohn Samuel schwanger ist, und sie jubelt: »Mein Herz ist fröhlich in dem Herrn, mein Haupt ist erhöht in dem Herrn ...«

Ich habe mich von Anfang an unglaublich über diese dritte Schwangerschaft gefreut – noch mehr als bei den anderen Kindern. Nach der Fehlgeburt sagte meine Hebamme zu mir: »Vielleicht hast du irgendwie gespürt, dass dir mit deinem Baby nur wenige Wochen gemeinsame Zeit bleiben, und da hast du alle deine Freude und Liebe in diese kurze Zeit gesteckt ...« Ich glaube, sie hat Recht.

Noch am selben Abend habe ich einen Schwangerschaftskalender im Wohnzimmer aufgehängt. Am nächsten Morgen habe ich mir stundenlang Zeit genommen, um eine Geburtsanzeige für unser Kind zu entwerfen. Sofort habe ich Gott und der Welt von dieser Schwangerschaft erzählt und mir schon bald mit Erich zusammen Gedanken über einen Namen für das Kind gemacht: So verrückt ist man doch eigentlich höchstens beim ersten Kind! Aber ich bin froh darum, dass es so gewesen ist, denn hätte ich diese Dinge nicht sofort getan, so wären sie niemals geschehen – das wurde mir nach dem Tod des Kindes klar. Es hätte dann keinen Namen gehabt, und niemand hätte von seiner Existenz gewusst. Viele Frauen entscheiden sich ja, das Wissen um ihre Schwangerschaft in den ersten drei Monaten für sich zu behalten, um zunächst einmal abzuwarten, ob sich das Kind gesund entwickelt. Ich habe es allerdings so erlebt, dass es – gerade, weil ich dann tatsächlich eine Fehlgeburt erlitten habe – ein großes Bedürfnis für mich war, diesen Schmerz mit anderen teilen zu können. Bei den wenigen Freunden, die zu diesem Zeitpunkt noch nichts von der Schwangerschaft erfahren hatten, ist eine ganz merkwürdige Situation entstanden. Wenn sie fragten: »Wie geht's euch denn?«, musste ich antworten: »Ach, bis vor kurzem ging es uns sehr gut. Ich bin wieder schwanger geworden. Aber jetzt ist das Kind schon tot ...« Deshalb war es gut für mich, anderen frühzeitig von meinem Glück zu erzählen.

Die Fehlgeburt selbst verlief ganz unspektakulär – es war eben »nur eine Fehlgeburt«. Am Gründonnerstag hatte ich abends noch einmal eine Kontrolluntersuchung bei der Frauenärztin, mit Ultraschall. Ich war in der neunten Schwangerschaftswoche, alles war in Ordnung; ich hatte es auch nicht anders erwartet. Am nächsten Tag, Karfreitag, dem 25. März 2005, ist, wie ich glaube, das Kind in meinem Leib gestorben. Denn die Ärzte sagten später, es sähe so aus, als sei es schon länger tot; wenn nicht schwarz auf weiß im Mutterpass stehen würde, dass die Untersuchung am Donnerstag ohne Befund war, hätten sie es nicht geglaubt.

Am Karsamstag habe ich den ganzen Tag damit zugebracht, ein Buch über Fehlgeburten zu lesen: das Buch »Leise wie ein

Schmetterling. Abschied vom fehlgeborenen Kind« von Ute Horn. Ich hatte es bei meinem Mann auf dem Schreibtisch entdeckt, der sich beruflich mit Büchern beschäftigt, und ich konnte einfach nicht aufhören, darin zu lesen. Obwohl ich ein schlechtes Gefühl dabei hatte, denn es machte mir Angst, von diesen extremen Zahlen zu lesen: Die Autorin schreibt, dass jede zweite Schwangerschaft mit einer Fehlgeburt ende, und dass sie selbst fünf Kinder verloren habe ... Obwohl es beängstigend für mich war, so war es letztlich doch hilfreich, mich mit dieser traurigen Wirklichkeit auseinander zu setzen. Gott hat dieses Buch benutzt, um mich dadurch auf mein kommendes Schicksal vorzubereiten: Wie sollte er uns auf etwas Schlimmes vorbereiten, ohne uns dabei zu beunruhigen?

Als ich am nächsten Abend, dem Ostersonntag, eine leichte Blutung bei mir bemerkte, dachte ich nur: »Aha – jetzt ist es also auch bei mir so weit ...« Ich hatte große Angst um das Leben meines geliebten Kindes und konnte gar nicht einschlafen. Ich habe Erich geweckt, und zusammen haben wir für das Baby gebetet. Am nächsten Morgen war die Blutung weg, und schnell packte ich die Binden wieder ganz weit fort, wo ich sie hergeholt hatte. Aber am Montagabend war die Blutung wieder da. Und am Dienstagmorgen blieb sie ... Nun waren die Osterfeiertage vorbei, und ich rief in der Praxis meiner Frauenärztin an. Anrufbeantworter – sie war in Urlaub. Die Telefonnummern von zwei Vertretungen waren aufgesprochen, und die Telefonate mit diesen beiden Arzthelferinnen waren fast das Schlimmste für mich in diesen schweren Tagen. Unmissverständlich gab man mir zu verstehen: »Blutungen in der Frühschwangerschaft!? Das hat man aber gar nicht gerne! Nein, gute Frau, in unsere Praxis können Sie nicht kommen. Wenn ich Sie wäre, würde ich mal ganz schnell mein Köfferchen packen und in die Klinik fahren. Ich weiß ja nicht, ob Sie viel rumgelaufen sind – vielleicht den ganzen Tag über arbeiten ...?«

Kleinlaut und voller Angst fuhr ich mit meinen beiden Kindern zum Krankenhaus. Erich hatte ich auf der Arbeit angerufen.

Auch er kam. Wie wohltuend war es, dort eine ganz andere, menschliche Behandlung zu erfahren. Ich sprach mit dem Chefarzt der Gynäkologie, Dr. Hoffmann, und ich hatte tatsächlich das Gefühl, dass er sich alle Zeit der Welt für mich nahm und dass ich so viel und so oft fragen konnte, wie ich es wollte und brauchte. Er führte eine Ultraschalluntersuchung durch, und nach einigen Minuten des Schweigens machte er mir in behutsamen und mitfühlenden Worten klar, dass das Herz unseres Kindes nicht mehr schlug. Er war sich ganz sicher, dass es tot war – aber er ließ uns alle Möglichkeiten offen. Ich könne mich stationär im Krankenhaus aufnehmen lassen. Ich könne nach Hause fahren und am nächsten Tag zur Ausschabung wiederkommen, wozu er mir riet. Ich könne mir aber auch noch mehr Zeit lassen und zu jedem beliebigen späteren Zeitpunkt zur Ausschabung kommen, egal, ob dann »OP-Tag« sei oder nicht: »Sie dürfen mir das nicht übel nehmen, wenn ich das so sage, aber für uns ist das ein kleiner Routine-Eingriff, den kriegen wir immer unter.« Er bot mir auch an, dass ich, sooft ich wollte, wieder zu einer Ultraschalluntersuchung kommen dürfe, denn er spürte, dass ich die Realität nicht wahrhaben wollte.

Nach einem langen Gespräch fuhren wir schließlich nach Hause und brachten die Kinder ins Bett. Ich fühlte mich wie gelähmt, wie im Traum, wollte mich nur noch auf dem Sofa in eine Decke einhüllen und meinen verletzten Körper schützen. Erich wurde für uns aktiv, rief beim Pastor unserer Gemeinde an, und tatsächlich kam er an diesem Abend zusammen mit einer der Ältesten zu uns. Wir haben für das Leben dieses Kindes gebetet und gekämpft, aber tief im Herzen hatte ich nicht viel Hoffnung. Ähnlich wie vor ein paar Wochen saßen wir in unserem Kaminzimmer und lasen in der Bibel den Lobgesang der Hannah. Wie anders erschien uns diesmal dieser Text – einfach, weil die Situation, in der er zu uns sprach, eine so andere war! Hatte ich dieses Lied neulich als einen Ausdruck der Freude und des Triumphes gelesen, so stachen mir nun die Verse in die Augen: *Der Herr tötet und macht lebendig; er führt ins Totenreich hinab und wieder herauf ... Denn dem Herrn gehören die Säulen der Erde, und auf sie hat er den Erdkreis gestellt.*

Wir hatten uns entschlossen, am nächsten Morgen noch einmal zu einer Ultraschalluntersuchung ins Krankenhaus zu fahren: Vielleicht hatte man sich ja geirrt, und beim nächsten Mal würde man das Herz wieder schlagen sehen? Aber wenn nicht, dann würde ich dableiben und gleich die Ausschabung machen lassen. Erich nahm sich von der Arbeit frei, für Erich Jakob und Sarah organisierte ich eine Kinderbetreuung, und dann gingen wir ins Bett.

Als ich am nächsten Morgen aufwachte, hatte ich einen schrecklichen Traum gehabt: Ich hatte geträumt, dass mein Baby im Bauch gestorben wäre ... Gott sei Dank war ich aufgewacht! Doch dann brach die Wahrheit kalt und unerbittlich über mich herein: Dieser Albtraum war die Wirklichkeit. Wir machten uns fertig für das Krankenhaus, unsere Tagesmutter kam vorbei. Erich Jakob, mein Großer mit seinen viereinhalb Jahren, zeigte mir seine Liebe dadurch, dass er unbedingt mit uns gehen wollte. Er spürte, dass seiner Mama etwas Schweres bevorstand, und er wollte mich dabei nicht allein lassen. Nicht mit Worten, sondern mit Taten zeigte er seine Entschlossenheit: Über die Schlafanzughose zog er sich eilig Straßenschuhe und war kaum dazu zu bewegen, zu Hause bei Sarah zu bleiben. Ach, wie schwer war mir das Herz!

Im Krankenhaus wollte ich gerne wieder den freundlichen Arzt vom gestrigen Abend sehen, aber er war im OP. Ein Oberarzt führte die erneute Ultraschalluntersuchung durch. Auch nicht schlecht, vier Augen sehen mehr als zwei. Aber auch er sah keinen Herzschlag mehr.

Während ich noch im Untersuchungsstuhl lag, blitzte ein Gedanke in mir auf: Jetzt muss ich für mein totes Kind kämpfen, damit es wenigstens nicht im Mülleimer verschwindet. Innerlich versuchte ich schon, die Krallen auszufahren, aber ich fühlte mich eigentlich viel zu schwach, um zu kämpfen. Da sprach Dr. List das Thema von sich aus an, bevor ich es überhaupt erwähnte: »Sie sollen wissen, dass in unserem Krankenhaus alle fehlgeborenen Kinder richtig beerdigt werden. Schwester Marlies, unsere Krankenhaus-Seelsorgerin, kümmert sich darum, und sie macht das sehr gut. Der Beerdigungs-Gottesdienst ist eine sehr schöne Feier, immer wieder habe ich von betroffenen Eltern gehört, wie gut es ihnen tat, daran teilzunehmen …« Diese Worte waren mir in diesem Moment ein echter Trost. Wie froh ich war, in einem katholischen Krankenhaus zu sein, wo der Schutz des ungeborenen Lebens ganz praktisch verwirklicht wird! Meistens mache ich im Leben die Erfahrung, dass ich selbst für die Dinge sorgen muss, die mir wichtig sind. Aber hier, wo es wirklich darauf ankam, da war es auf einmal, als würden meine innersten Wünsche wie von selbst erfüllt, das war ein großes Geschenk für mich.

Die Ausschabung selbst ist mir in schrecklicher Erinnerung. Obwohl man sich in diesem Krankenhaus um einen freundlichen Umgang mit den Patienten bemüht – die medizinische Maschinerie forderte ihren Tribut. Wir mussten noch bis zwei Uhr mittags auf den Eingriff warten, und irgendwie tat sie gut, diese Zwangspause im Alltag, in der die Zeit stundenlang stillzustehen schien. Trotzdem fiel mir das Warten sehr schwer, und der Prozess der schrittweisen Entpersönlichung nahm unerbittlich seinen Lauf: Zuerst bekam ich nur ein Bett in einem Zimmer zugewiesen. Bald darauf wurde ich durch eine Kanüle im Arm »für alle Fälle« als Patientin gebrandmarkt. Nun konnte ich nicht mehr fort. Dann hieß es hinlegen – ein Krankenhaushemd anziehen – Thrombosestrümpfe überziehen. Schließlich musste ich auch mein letztes Kleidungsstück, den Slip, ausziehen, was mir wegen der Blutung sehr unangenehm war. Als allerletztes persönliches Attribut musste ich auch den Ehering abgeben – dann wurde ich zum OP geschoben. Aber es kam noch schlimmer: In den gekühlten OP-Räumen wurde mir sogar das Krankenhaushemd wieder ausgezogen, ganz nackt lag ich jetzt unter einer sterilen Decke. Und noch schlimmer: Die Beine wurden beide festgeschnallt. Und noch schlimmer: Sie wurden nach unten abgewinkelt, sodass ich das Gefühl hatte, von der Liege zu rutschen. Die ganze Zeit über weinte ich Rotz und Wasser; ich hatte kein Taschentuch, und ich fürchtete, dass bei einer so verstopften Nase die künstliche Beatmung nicht möglich sein würde ... Wie eine Erlösung war es für mich, als ich endlich durch die Narkose dieser Situation enthoben wurde.

Beim Aufwachen spürte ich sofort eine unglaubliche Erleichterung. Mit dem toten Kind im Bauch, gleichzeitig schwanger und nicht schwanger, hatte sich mein Innerstes zutiefst »falsch« angefühlt. Jetzt war es plötzlich wieder »richtig«. Die Segnungen der modernen Medizin sind schon fast absurd, wo man sich wenige Minuten nach einem solchen Eingriff schon wieder völlig fit fühlen kann! Ich bemerkte auch eine tiefe Kluft zwischen meinem Körper, für den nun alles »in Ordnung« war, und meiner Seele, die noch viel Zeit zur Heilung benötigen würde ...

Diese Zeit konnte ich mir in den darauf folgenden Wochen nehmen. Wann immer es möglich war, zog ich mich aus dem Familienleben zurück und verbrachte viele, viele Stunden damit, zu schlafen, spazieren zu gehen, zu beten, in der Bibel zu lesen, Tagebuch zu schreiben, Bücher zum Thema »Fehlgeburt« zu studieren, zu malen, Gespräche zu führen ...

Ich habe diese Zeit gebraucht. Denn im Verlauf dieser Wochen wurde mein Kind, nach seinem Tod, gleichsam in meinem Geist geboren. Am Anfang war da nur ein wirres Knäuel von unbeantworteten Fragen: Wer ist mein Kind? War es ein Junge oder ein Mädchen? Was ist sein Name? Wann ist es gestorben? Warum ist es gestorben? Was bedeutet sein Tod für mein Leben? Wo ist es jetzt? Am Ende dieses Prozesses war in all diese Wirrnis Licht gekommen, und ich sah klarer als zuvor.

Der wichtigste Schritt war für mich gewesen, einen Namen für unser Kind zu finden: Samuel. Zwar konnte das Geschlecht des Kindes auf medizinischem Weg nicht bestimmt werden. Aber (das habe ich jetzt erst gelernt): Es gibt zwei Arten von Wahrheit – eine äußere Wahrheit und eine innere Wahrheit. Beide sind gleichermaßen wichtig und gut. Wenn es darum geht, eine Beziehung aufzubauen zu meinem Kind in der jenseitigen Welt – dann hilft mir die Wahrheit, die mit den fünf Sinnen erfasst werden kann, nicht weiter. Dann bin ich auf die innere Wahrheit angewiesen, die nur mit dem Herzen und im Geist gefunden werden kann. Die Wege dazu sind ebenso vielfältig wie zuverlässig: Gebet – Schweigen – Nachdenken – Traum – Offenbarung – Intuition ...

Die Entscheidung, dass unser drittes Kind ein Junge war, ist nicht willkürlich gefallen, sondern war das Ergebnis eines längeren Prozesses geistiger Arbeit. Der Name Samuel hat mit dem Lobgesang der Hannah zu tun, der uns am Beginn und am Ende dieser Schwangerschaft so wichtig geworden war. Außerdem habe ich auch einen Todestag für Samuel herausgefunden, sodass wir ihn zum Angedenken haben: Karfreitag, den 25. März 2005. Auch über den Geburtstag musste ich längere Zeit nachdenken: Hat Samuel überhaupt einen Geburtstag? Etwa den errechneten Geburtstermin? Für mich war es zuerst einfach ein ungeborenes Kind. Dann aber wurde mir klar: Zu jeder Schwangerschaft gehört an ihrem Ende eine Geburt, und auch eine Fehlgeburt ist eine Geburt – wenngleich Samuel zu diesem Zeitpunkt schon tot war. Ich habe ihn also am Mittwoch, den 29. März 2005, im St.-Clemens-Hospital in Geldern geboren.

Noch etwas wurde mir im Laufe der Zeit deutlich: Ich möchte nicht von »Fehlgeburt« sprechen. Für mich klingt das irgendwie abwertend, so wie »Missgeburt«, oder als hätte irgendjemand dabei einen »Fehler« gemacht. Ich will auch nicht davon sprechen, dass ich mein Kind »verloren« habe, denn inzwischen bin ich zu der Einsicht gelangt, dass Samuel – so wie jeder andere verstorbene Mensch – durch seinen Tod nicht einfach »weg« ist, sondern dass er weiterlebt in der jenseitigen Welt. Für die Hinterbliebenen besteht die Aufgabe nicht einfach darin, den Verstorbenen »loszulassen«, sondern die Beziehung sich wandeln zu lassen, um sie aufrechtzuerhalten. Die Beziehung zu einem Menschen in der jenseitigen Welt können wir in dem Maße leben, in dem wir uns für die unsichtbare Wahrheit öffnen, denn das Jenseits ist Teil der unsichtbaren Wirklichkeit. Früher habe ich zwar auch schon an ein Leben nach dem Tod geglaubt, aber dieses Leben bei Gott war von meinem eigenen Leben weit entfernt: Diesseits und Jenseits waren wie durch eine undurchdringliche Mauer voneinander getrennt. Durch Samuels Tod ist es, als sei ein Teil von mir schon vorausgegangen in diese jenseitige Welt, und sie ist mir viel näher gerückt. Zwar ist sie noch immer klar von dieser Welt geschieden, aber wie durch eine Wand aus Glas – ich kann hinübersehen, und ich tue es gerne.

Ein wichtiges Thema war schließlich die Frage der Beerdigung für mich. In den Tagen nach der Ausschabung konnte ich nicht recht schlafen; ich lag nachts wach und war von großer Unruhe erfüllt. Innerlich in meinem Geist beschäftigte mich die Suche nach meinem toten Kind – ich wollte wissen, wo es jetzt war. Schließlich rief ich im Krankenhaus an, und man teilte mir mit, dass alles »Ausschabungsmaterial« per Kurier in ein pathologisches Institut nach Oberhausen geschickt wird. Dort wird es anschließend konserviert und bis zu dem Termin für die nächste Sammelbestattung aufbewahrt. Ich besorgte mir die Telefonnummer dieses Instituts und rief auch dort an.

Voller Angst, denn ich befürchtete, mit meinen Fragen nur abgewiesen zu werden – aber es kam anders. Eine sehr verständnisvolle junge Ärztin, Frau Dr. Cupisti, nahm sich viel Zeit für das Gespräch mit mir und beschrieb mir ganz genau den Ort, wo sich die sterblichen Überreste von Samuel befanden: in einem gekühlten Raum, aber nicht im Keller, mit weißen Regalen, worin die mit Zahlen genau markierten Plastikbehälter stehen; darin werden die kleinen Körper, in Paraffinblöcke gegossen, aufbewahrt. Da ich mir das alles immer noch nicht recht vorstellen konnte, versprach sie mir, diesen Raum aufzusuchen und sich mein Kind genau anzusehen, um mich am nächsten Morgen anzurufen und es mir zu beschreiben. Ich hatte einfach keine Vorstellung davon, was da in meinem Körper gewesen war: Millimeter groß oder Zentimeter? Schon ein erkennbarer Mensch?

Am nächsten Morgen rief sie tatsächlich wieder bei mir an und machte mir einfühlsam, aber unmissverständlich klar: Es war kein Kind mehr zu sehen; Samuels Körper wurde durch die Ausschabung total zerstört. Daran hatte ich während der Stunden im Krankenhaus gar nicht gedacht. Aber nun weiß ich: Sollte ich noch einmal eine Fehlgeburt erleiden, so möchte ich, wenn irgend möglich, eine Ausschabung vermeiden bzw. so lange warten, bis das Kind selbst vom Körper ausgestoßen worden ist.

Früher dachte ich: Wenn ein Mensch einmal gestorben ist, dann ist es relativ bedeutungslos, was mit seinem toten Leib geschieht; höchstens für die Angehörigen hat es symbolische Bedeutung. Inzwischen bin ich davon überzeugt: Dem ist nicht so. Denn ebenso wichtig wie die unsichtbare Wirklichkeit ist auch die sichtbare. Der Leib behält seine Würde, auch wenn er von der Seele verlassen worden ist. Ich glaube, dass die innere Unruhe, die ich nach der Ausschabung verspürte, nicht aus mir selbst kam, sondern von meinem Kind. Die Seele meines Kindes konnte nicht zur Totenruhe gelangen, solange sein Körper zerfetzt in einem Paraffinblock im Neonlicht der pathologischen Abteilung lag: »Von der Erde bist du genommen, zu Erde sollst du wieder werden …« Seine unruhige Seele versetzte auch meine Seele in Unruhe, da ich der Mensch auf Erden bin, der Samuel am nächsten steht. So wurde es zu einer wichtigen, ganz persönlichen Aufgabe für mich, dafür zu sorgen, dass Samuel würdig beerdigt wird.

Ich erkundigte mich zunächst nach den verschiedensten Bestattungsmöglichkeiten: Familiengrab, Reihengrab, Kinderreihengrab … Vor ein paar Wochen noch hätte ich mir nicht träumen lassen, dass ich mich mit solchen Dingen beschäftigen würde! Wir entschlossen uns schließlich, von der Möglichkeit der Sammelbestattung Gebrauch zu machen, die vom Krankenhaus aus angeboten wurde. Da sie nur alle drei Monate durchgeführt wird und in unserem Fall gerade ein Termin vorüber war, mussten wir zwischen Samuels Tod und seiner Beerdigung eine Wartezeit von fast einem Vierteljahr in Kauf nehmen. Dies ist ungewöhnlich, und das lange Warten fiel mir schwer; es hatte aber auch Vorteile: Wir hatten ausreichend Zeit, uns auf alles vorzubereiten, eine Geburts- und Todesanzeige für Samuel zu gestalten usw. Das Überstürzte,

Unerwartete, das normalerweise mit einer Beerdigung einhergeht, war für uns nicht zu spüren. Während diese Abschiedsfeier oftmals durchgeführt wird, wenn sich die Hinterbliebenen noch in der Phase des Schocks befinden, sodass sie danach in ein tiefes Loch zu fallen drohen, war für mich die Beerdigung, die am 17. Juni 2005 auf dem Friedhof in Geldern stattfand, in gewisser Weise der »krönende Abschluss« eines intensiven Trauerprozesses.

Es war für uns hilfreich, dass wir uns aktiv bei der Gestaltung der Beerdigung einbringen konnten, wobei die zuständigen Krankenhausseelsorger, Schwester Marlies und Martin Naton, auf unsere Wünsche in jeder Weise eingingen: Wir durften den Text für die biblische Lesung selbst aussuchen und im Gottesdienst vortragen (natürlich den Lobgesang der Hannah aus dem 1. Buch Samuel!). Ich habe ein Gebet vorgelesen. Erich hat zusammen mit Erich Jakob einen kleinen Kindersarg gebaut; ich habe ihn dann weiß angestrichen und mit Stroh und Leinen ausgepolstert. Die 34 fehlgeborenen Kinder, die bei dieser Sammelbestattung beerdigt werden sollten, wurden gemeinsam darin gebettet. Erich hat den Sarg im Anschluss an den Gottesdienst eigenhändig zu Grabe getragen. Am Grab hat er ihn zusammen mit dem Bestatter in die Erde hinabgelassen. Erich Jakob hatte zuvor eine Birne auf den Sarg gelegt, weil die Geschichte des »Herrn von Ribbeck auf Ribbeck im Havelland« ihn beeindruckt hatte …

Besonders wichtig war es für mich, dass ich Samuel selbst in den Sarg hineinlegen konnte. Die Krankenhausseelsorger hatten dafür zwei Tage vor der Beerdigung eine eigene kleine Feier mit mir im Abschiedsraum des Krankenhauses abgehalten. Dies war der einzige Moment in meinem Leben, wo ich mit meinen eigenen Augen etwas von meinem Kind Samuel sehen durfte! Und mit den Augen der Liebe konnte ich auch an diesem winzigen Überrest noch etwas Liebenswertes entdecken: Die kleine Nabelschnur war ganz deutlich zu erkennen. Zwar war sie abgerissen – aber indem sie sich weit ausstreckte, war sie doch zugleich ein Symbol der Verbundenheit zwischen Mutter und Kind. Wir haben gebetet, ich habe geweint, ich habe den winzigen Körper noch einmal in meinen Händen gehalten und mit meiner Wärme erfüllt. Dann habe ich Samuel in ein handgemaltes Seidentuch gehüllt und in den Sarg hineingelegt, mich von ihm verabschiedet …

Auch wenn es vielleicht merkwürdig klingen mag: Die Beerdigungsfeier war bei aller Traurigkeit zugleich »schön«, denn wir durften erleben, dass alles unserem innersten Empfinden und Bedürfnis entsprach. So gab es in all dem Schweren doch ein »Gutes«, für das sich einzusetzen die viele Mühe gelohnt hat. Das Einzige, was mich befremdete: Von den 34 Kindern, die da gemeinsam beerdigt wurden, waren wir die einzigen Eltern, die zu der Feier erschienen waren! Wären wir und die wenigen Menschen, die unserer Einladung gefolgt waren, nicht da gewesen, so hätten die beiden Seelsorger den Gottesdienst allein gefeiert. Das hätten sie auch getan, wie mir Schwester Marlies versicherte, mit dem gleichen liebevollen Blumen- und Kerzenschmuck, mit Liedern und Gebeten – stellvertretend für die abwesenden Eltern. »Denn für uns sind das alles Kinder, von Anfang an, egal, ob sie in der sechsten oder in der 26. Woche geboren werden.« Wie gut hat es mir getan, diese Worte zu hören – und es zeigt, dass in dem Bereich der Bestattung von fehlgeborenen Kindern noch viel Umdenken erforderlich ist: nicht nur von Seiten der Krankenhäuser, Pfarrer und Bestatter, sondern auch auf Seiten von uns, den betroffenen Eltern!

*Jutta Koslowski, Geldern, D*

## *Männer weinen nicht*

Eine Frau verliert ein Kind, nicht ihr Mann. Fehlgeborene Kinder sind Frauensache, wie auch das vorliegende Buch beweist. Nur wenige Männer waren bereit, sich zu dem Thema zu äußern. Warum? Beginnt das Leben für Männer später als für Frauen? Glauben Männer nicht wirklich an die Würde und den Wert eines Menschen vom Augenblick der Zeugung an? Oder sind wir einfach nur zu träge oder abgebrüht, um uns lange Gedanken zu machen über das Ende eines Lebens, dessen Anfang wir zwar lustvoll auf den Weg gebracht haben, dessen Fortgang für uns aber nicht spürbar war?

Wie habe ich den Tod unseres Kindes Samuel vor seiner Geburt erlebt? Was war das Besondere oder typisch Männliche an meinem Umgang mit der Todeserfahrung? Das entscheidende Erlebnis war die schier unüberbrückbare Distanz zu meiner trauernden Frau. Der Tod von Samuel war für sie ein so intensives Erleben, dass ich mir mit meinen paar Tränen, mit meinen oberflächlichen Fragen und meinem alltäglichen Tun ganz deplatziert vorkam. Ich ging zur Arbeit und nicht in die Selbsthilfegruppe. Ich schaute fern und verharrte nicht im Gebet. Ich schrieb Businesspläne und nicht Tagebuch. Und der Tod unseres Kindes spielte bei alldem keine Rolle, das ist wahr.

Die Trauerarbeit meiner Frau war so omnipräsent, dass ich mich trotzig-traurig dagegen verwahrte, selbst um unser Kind zu trauern. Symbolisch dafür war das meiner Meinung nach völlig überdimensionierte, schneeweiße Kreuz, das Jutta von einem lieben Nachbarn hatte anfertigen lassen, um es im Gedenken an unser gestorbenes Kind an prominenter Stelle in unserem Garten zu platzieren – wogegen ich mich lauthals wehrte. Das Maß war voll.

Was war dem noch hinzuzufügen? Was blieb noch für mich übrig?

Doch eins ist wahr: Trauern *ist* Arbeit! Sie zu leisten ist eine heilige Pflicht, eine unumgängliche Notwendigkeit. Notwendig schon deswegen, damit wir uns als Ehepaar unserer Kinder vergewissern: Haben wir zwei oder drei Kinder? Ist eins gestorben oder verloren? Ist es irgendwo aufgehoben oder für mich nie gewesen? Die Nachricht des Arztes, der keine Herztöne mehr feststellen konnte, war dabei aber ebenso wenig eine Trauerhilfe wie die Stunden im Krankenhaus, als meine Frau den grausigen Eingriff über sich ergehen lassen musste, durch den unser Kind ihren Leib verließ. Diese Erlebnisse haben mich der Mutter des Kindes näher gebracht: Ich habe mit ihr getrauert, sie getröstet und ihr Leid getragen – nicht meins. Auch gelang es mir nicht, in ruhigen Momenten und aus schlechtem Gewissen heraus Gefühle für Samuel heraufzubeschwören und im Nachhinein eine Beziehung zu entwickeln, die vor dem Tod nicht bestanden hatte.

Doch es gab zuletzt auch für mich die intensiven Erfahrungen, die mir gezeigt haben, dass ich nicht unfähig zur Trauer gewesen war, sondern einen konkreten äußeren Anlass brauchte, um den notwendigen Prozess zu durchlaufen. Dabei spielte die Beerdigung elf Wochen später eine entscheidende Rolle. Sie bot mir die Möglichkeit, durch mein Zutun die Trauer nachzuholen, die ich kurz nach dem Tod von Samuel nicht erlebt hatte. Die sensiblen Krankenhausseelsorger im St.-Clemens-Hospital in Geldern erlaubten mir nicht nur, den Sarg für die fehlgeborenen Kinder des letzten Vierteljahres zu bauen; ich durfte auch eine Lesung während des Trauergottesdienstes übernehmen, den Sarg von der Friedhofskapelle bis zum offenen Grab tragen und ihn mit Hilfe des Bestatters in die Erde senken.

Den Sarg habe ich auf amateurhafte Weise, aber mit einigem Ehrgeiz hergestellt. So sollte er nur aus Holz sein, weder Schrauben noch Nägel durften ihn zusammenhalten. Mein vierjähriger Sohn Erich Jakob war dabei wie gewohnt eine große Hilfe. Und während solcher Arbeit und im Gespräch mit ihm wurde mir ganz unmittelbar bewusst, dass es die letzte Ruhestätte eines Menschen, meines Kindes, ist! Es war traurig und schön zugleich, dass ich für Samuel noch etwas tun konnte, nachdem ich zuvor an seinem Leben und Sterben keinen spürbaren Anteil gehabt hatte. Die Trauer über den Verlust eines ganzen Lebens, einer Kindheit, einer Jugend, einer Lebensblüte und eines eigenen Familienlebens, die Trauer über die gemeinsame Zeit mit Samuel und über seine verlorenen Kinder und Enkelkinder hat mich beim Sägen und Schleifen überrascht – das Holz war in Trauer getränkt und so für die Ewigkeit haltbar gemacht.

Später war es ein Text aus dem Buch Samuel – der Lobgesang der Hannah –, der die ganze Traurigkeit über den Verlust des Unbekannten zum Leben erweckte und machtvoll an die Oberfläche meiner Gefühlswelt drängte. Ich wurde, wie auch am nächsten Tag im Gottesdienst, von meinen Tränen völlig übermannt. Wie überrascht war ich selbst über den Schmerz, der in mir schlummerte – und wie froh darüber, endlich Gelegenheit zu haben, ihn auszudrücken.

Nach der Trauerfeier durfte ich den Sarg mit den sterblichen Überresten von 34 Kindern zur Sammelgrabstätte tragen. Aus massivem Holz gearbeitet und andächtig mit ausgestreckten Armen vor mir hergetragen, wurde der Sarg schwerer und schwerer. Als könnte ich in einem Moment die ganze Last der vielen Nächte auf einmal spüren, in denen ich Samuel hätte wiegen dürfen, wenn er schlaflos jammerte ... Diese körperliche Erfahrung war wohl das wertvollste Erlebnis des gesamten Trauerprozesses.

Das Gräberfeld auf dem städtischen Friedhof, erst im Jahr 2003 eröffnet, ist ein wunderbarer Ort der Andacht, für den auch die Stadt Geldern viel Lob verdient. Ein kleines Grab war frisch ausgehoben. Nicht mit dicken Tauen wie sonst üblich ließen wir den Sarg in die Erde hinab; es reichten zwei dünne Schnüre. Erich Jakob legte seinem Geschwisterchen eine Birne mit ins Grab; Fontanes »Herr von Ribbeck« hatte sich ihm hoffnungsvoll eingeprägt. Alle Anwesenden hatten bereits eigene Erfahrungen mit dem Verlust eines Kindes gemacht. Die Atmosphäre über dem offenen Grab war von einem tiefen Verständnis füreinander geprägt. Und kein offizieller Abschluss der Trauerfeier erzwang den Abschied; jeder blieb, solange er wollte und konnte.

So hatte ich meine Form und meinen Ort gefunden, die Beziehung zu meinem Kind zu leben und meine Gefühle über seinen Tod auszudrücken. Im sich anschließenden Urlaub konnten meine Frau und ich erleben, dass wir erneut vereint waren in unserem Familiensystem. Ich hatte nachgeholt, was unverzichtbar ist: den großen Gefühlen Namen, Ausdruck und Bedeutung zu geben, anstatt sie in gewohnt männlicher Weise zuzudecken. Gott hat *(Präsens)* dafür immer den richtigen Zeitpunkt, an dem er diese Zumutung geschehen lässt, wenn wir selbst und unser Umfeld dazu bereit sind. Das offene Grab ist dann nicht der schlechteste Ort, wieder in Einklang mit sich selbst und der eigenen Familie zu kommen.

*Erich Koslowski, Geldern, D*

PS: Inzwischen stand ich schon einige Male dankbar vor dem weißen Kreuz in einer verborgenen Nische unseres urwüchsigen Gartens.

Teil II

# Geburt des Todes

*Ein Kind stirbt im*
*Leib der Mutter*
*und muss tot zur Welt*
*gebracht werden*

## *In den Himmel geboren*

Unsere Geschichte begann damit, dass mein Mann und ich uns entschieden, nach dreijähriger Ehe ein Kind zu bekommen. Wir hatten uns nach unserer Hochzeit im Juni 1996 ganz bewusst noch für uns Zeit nehmen wollen, um unsere Ehe zu festigen, zu zweit manches zu erleben und dann – wenn der richtige Zeitpunkt gekommen war – ein Kind willkommen zu heißen. Doch dass der Mensch sich manches vorstellt und meint, so müsse es kommen, aber Gott lenkt, haben wir dann schmerzlich erfahren.

Im September 1999 durfte es klappen. Ich war schwanger. Wir haben uns natürlich sehr gefreut und waren auch mit dem neuen Gefühl konfrontiert, »Eltern« zu werden. Freudig ging ich damals zum Frauenarzt und bekam durch einen Ultraschall die Bestätigung, schwanger zu sein. Doch leider dauerte dieses kleine Wunder nur kurz an. In der siebten Woche bekam ich Schmierblutungen und verlor mein erstes Kind. Ich machte mir natürlich Vorwürfe und dachte, ich hätte im Krankenhaus, wo ich damals arbeitete, zu viel gehoben und nicht auf unser Kind geachtet. Doch jeder bestätigte, dass ein Kind, wenn es gesund ist, viel Belastung aushält und auch im Mutterleib geschützt ist. So mussten wir uns damit abfinden, dass diese Fehlgeburt in der siebten Woche wohl ihren Grund hatte und Gott unser erstes Kind schnell wieder zu sich holte.

Froh war ich, dass ich nicht noch ins Krankenhaus musste, um ausgeschabt zu werden, sondern dass sich die Gebärmutter durch die Blutungen selbst regenerierte. Doch das Verlustgefühl, das ich schon bei dieser ersten Fehlgeburt hatte, war unbeschreiblich. Mein Körper hatte natürlich schon kleine Veränderungen gezeigt, und ich war darauf vorbereitet, Mutter zu sein bzw. ein Kind in mir zu tragen. Plötzlich wieder umgestellt zu werden, auch hormonell, war wie ein Schlag ins Gesicht.

Mein Mann war auf seine Weise auch sehr traurig darüber, doch konnte er nicht alles ganz so nachvollziehen. Was ich körperlich schon gespürt hatte, war für ihn noch nicht sichtbar. Ich hatte noch keinen Babybauch, und dauernd schlecht war mir auch nicht. So war es für ihn schwierig, diese Trauer, die ich empfand, nachzuvollziehen, obwohl er es versuchte. Es gab durch diese Situation kleine Spannungen in unserer Ehe, und wir waren froh, dass der keine schwerwiegenden Folgen hatte.

Damals hatte ich den starken Wunsch, möglichst bald wieder schwanger zu werden, um diesen Verlust bzw. diese Leere schnell wieder auszufüllen. Ich hatte Angst, dass es damit nicht mehr so schnell klappen würde, und zählte auf einem Kalender, den mir meine Freundin als Trost gebastelt hatte, die Tage, bis wir es wieder versuchen durften. Damals fand ich es schlimm, drei Monate lang warten zu müssen, bis ich körperlich wieder bereit war. Auch war es schwierig, nur wenigen Menschen etwas sagen zu können, weil eine Fehlgeburt in den ersten drei Monaten doch eher verschwiegen wird und man ja noch nicht sah, dass ich schwanger war.

Nach diesen drei Monaten wurde ich überraschend schnell wieder schwanger. Voll Freude darüber und natürlich auch mit etwas Angst, wie bei der ersten Schwangerschaft wieder eine Fehlgeburt zu erleiden, stellte ich mich auf »schwanger« ein. Doch auch bei dieser Schwangerschaft bekam ich gleich am Anfang Blutungen, die mein Frauenarzt auf ein Hämatom zurückführte, das sich in der Gebärmutter gebildet hatte. Ich musste mich deshalb die ersten Monate der Schwangerschaft über schonen und viel liegen. Natürlich hatte ich Angst. Sowohl wir als auch Freunde beteten dafür, dass die Schwangerschaft weiterhin bestehen durfte.

Zum ersten Mal spürte ich intensiv, was es bedeutet, schwanger zu sein. Mit Übelkeit und Gelüsten auf besondere Dinge, die mir mein Mann immer umgehend besorgen musste. Ich war froh, in dieser Zeit krankgeschrieben zu sein, da ich Angst hatte, mich bei der Arbeit im Krankenhaus zu überfordern. Wir freuten uns über jede Untersuchung und jeden Ultraschall, bei dem wir unser Kind sahen, den Herzschlag und die emsigen Bewegungen, die es machte. Ich wollte schon recht bald wissen, welches Geschlecht unser Kind hatte, doch mein Mann wollte sich überraschen lassen.

Ab dem vierten Monat konnte ich wieder arbeiten gehen, und wir entspannten uns etwas, da die gefährlichste Zeit doch vorüber schien. Trotz allem blieb ich ängstlich. Richtigen Frieden fand ich über dieser Schwangerschaft nicht. Bei den laufenden Untersuchungen ging es dem Kind gut. Ich wunderte mich allerdings, dass mein Frauenarzt den Geburtstermin um 14 Tage verschob, da das Wachstum des Kindes nicht altersentsprechend war. Am 9. Dezember 2000 sollte unser Kind zur Welt kommen – aber es kam alles ganz anders.

Ich hatte am 1. August 2000 wieder eine Routineuntersuchung beim Frauenarzt, und mein Mann begleitete mich. Komischerweise hatte ich die ganze Zeit vorher ein ungutes Gefühl, als ob mit dem Kind etwas nicht stimmte. Es bewegte sich so gut wie gar nicht, und ich selbst wusste zu diesem Zeitpunkt auch noch nicht, wie sich das anfühlen sollte, da es für mich das erste Mal war, solche Kindsbewegungen zu spüren – oder auch nicht!

Auf dem Ultraschallmonitor fiel mir sogleich auf, dass sich unser Kind überhaupt nicht bewegte. Mein Gefühl sagte mir sofort, dass es nicht mehr lebte. Ich fragte meinen Frauenarzt nach dem Herzschlag des Kindes. Ich sah keinen. Der Arzt merkte wohl auch sofort, dass unser Kind nicht mehr lebte, wollte es aber zu unserer Beruhigung noch normal vermessen. Ich war zu diesem Zeitpunkt schon in Panik und fragte die ganze Zeit nur nach dem Herzschlag. Natürlich merkte ich auch, dass mein Frauenarzt offensichtlich Mühe hatte, uns diese schreckliche Wahrheit zu bestätigen, die ich die ganze Zeit schon erahnt hatte. Unser Kind war tot.

Mein Mann realisierte es am Anfang überhaupt nicht, und als es ihm auch klar wurde, war es für uns beide ein Schock. Mein

Frauenarzt versuchte zwar, auf uns einzugehen, aber er war dabei ziemlich hilflos. Er sagte uns, wir könnten uns die Klinik aussuchen, in der ich unser Kind gebären sollte. Ich war ganz durcheinander und fragte, ob ich das Kind tatsächlich auf natürlichem Weg auf die Welt bringen sollte. Ich und mein Körper konnten uns das absolut nicht vorstellen. Später fuhren wir nach Hause, wo wir uns erst einmal richtig ausweinen mussten – und eigentlich immer noch hofften, dass dies alles nur ein böser Traum war.

Nach einiger Zeit beschlossen wir, da ich mir sowieso nicht vorstellen konnte, in dieser Nacht zu schlafen, sofort ins Krankenhaus zu gehen, wo gerade meine Freundin auf der Frauenstation Nachtdienst hatte. Dieses Krankenhaus war auch deshalb unsere erste Wahl, weil es sich um ein christliches Krankenhaus handelte, in dem ich selbst arbeitete. Gut war, dass gerade an diesem Abend eine gläubige Ärztin Dienst hatte, die wir auch privat etwas kannten und die mit unserer Situation ehrlich und einfühlsam umging. Sie bestätigte den Tod unseres Kindes und klärte uns über den weiteren Hergang der Geburt auf. Meine Freundin sorgte dafür, dass ich ein Zimmer auf der Frauenstation, nicht auf der Entbindungsstation, bekam und dass auch noch ein Bett für meinen Mann bereitgestellt wurde. Ich muss sagen: Trotz der unschönen Situation, in der wir uns befanden, sorgte Gott für uns, indem meine Freundin gerade Nachtdienst hatte, die Ärztin gläubig war und dadurch eine für uns geborgene Atmosphäre herrschte.

Die Geburt wurde eingeleitet. Ich dachte, dass es schnell gehen würde, doch das war ein Irrtum. Über zwei Tage lang dauerte es, bis unser Kind geboren war, und ich bin mir im Nachhinein sicher, dass ich diese Zeit brauchte, da ich noch nicht bereit war, es loszulassen. Die Geburt selbst verlief auch nicht einfach, da es sich um eine Steißlage handelte und das tote Kind nicht mithelfen konnte. Zum Schluss bekam ich noch eine Vollnarkose. Die Hebamme und der Arzt waren nett und einfühlsam. Mit dieser Geburtssituation waren mein Mann und ich überfordert. Ich war noch in keinem Schwangerschaftskurs gewesen, da es erst die 22. Woche war, und hatte somit keine Ahnung, was auf mich zukam. Ich denke, es ist schon schwierig genug, unter normalen Umständen das erste Mal eine Geburt zu erleben und Eltern zu werden, aber in so einer traurigen Situation ist man einfach nur hilflos.

Als ich mich von der Narkose erholt hatte, kam die Hebamme, die mich bei der Geburt betreut hatte, und fragte uns, ob wir unser Kind sehen wollten. Wir stimmten zu. Sie brachte uns unser Kind zugedeckt in einem »Moses-Körbchen« (Brotkorb). Wir erfuhren, dass wir einen Sohn hatten, und sie erklärte uns ganz behutsam, dass unser Sohn sehr schöne Füße habe und wir nicht erschrecken sollten, da er noch sehr unreif aussehe. Als wir unseren Sohn dann sahen, war es ein ganz intensives Gefühl: so ein kleiner Mensch und doch schon alles vorhanden! In diesem Moment hätten wir alles dafür gegeben, dass er lebt. Es wäre uns egal gewesen, ob er behindert gewesen wäre oder ob er sonstige Makel gehabt hätte: Er war unser Kind!

Die Hebamme zeigte uns Möglichkeiten auf, wie wir weiter vorgehen könnten, zum Beispiel unserem Kind einen Namen geben oder eine Beerdigung. Als die Hebamme dann gegangen war, durften wir unseren Sohn so lange bei uns behalten, wie wir wollten. Wir hatten uns schon darauf geeinigt, dass er Gabriel (Stärke Gottes) heißen sollte. Auch die Bedeutung des Namens tröstete uns, stärkte Gott uns doch gerade in dieser ganzen Situation. Auf unseren Wunsch hin kam der Krankenhauspfarrer etwa eine Stunde später zu uns, um unseren Sohn auszusegnen. Er hatte sich vorher nach dem Namen unseres Sohnes erkundigt und brachte dann eine Kerze mit, die er selbst gebastelt und auf die er den Namen Gabriel geschrieben hatte. Auch das hat uns sehr gut getan.

Nach der Aussegnung gaben wir unseren Sohn wieder bei den Hebammen ab. Das fiel mir unendlich schwer. Gabriel war zwar tot, aber ich hätte ihn am liebsten mitgenommen. Wir gaben unseren Sohn zur Obduktion frei, um die Gründe feststellen zu lassen, an denen unser Sohn gestorben war. Diese ergab, dass bei mir eine Plazenta-Insuffizienz vorlag, durch die unser Sohn nicht mehr ausreichend ernährt worden war.

Als wir später zu Hause waren, mussten wir erst einmal unseren Verwandten und Freunden diese traurige Nachricht überbringen. Wir selbst fielen wie in ein Loch. Im Krankenhaus hatten wir uns trotz dieser traurigen Situation gut aufgehoben gewusst. Daheim waren wir allein. Wir wollten über unsere Situation reden. Reden erleichterte uns.

Über eine Freundin erfuhren wir von der Regenbogengruppe (Selbsthilfegruppe für verwaiste Eltern, www.initiative-regenbogen.de). Eine der Leiterinnen war sogar meine frühere Gesangslehrerin. Diese Selbsthilfegruppe tat uns sehr gut, da eine große Offenheit herrschte. Es waren lauter Paare dort, die selbst Kinder in der Schwangerschaft oder danach verloren hatten. Es tat gut, mit ebenfalls Betroffenen darüber zu reden und positive wie negative Erfahrungen auszutauschen. Auf Anregung aus dieser Gruppe wurde es uns wichtig, für unseren Gabriel eine Beerdigung mit Grab zu machen. Auch eine kleine Geburtsanzeige für die engsten Verwandten und Freunde haben wir entworfen. Es war unser Wunsch, dass Gabriel nicht verschwiegen oder vergessen wurde. Schließlich hatte er in meinem Bauch gelebt und war von Gott gewollt.

Zu einem späteren Zeitpunkt merkten wir, welch entscheidenden Unterschied es macht, Gott zu kennen. Viele der betroffenen Paare hatten keine Hoffnung, da für sie ihr Kind für immer verloren war. Wir wussten jedoch, dass Gabriel uns zu Gott vorausgegangen war. Diese Gewissheit und Hoffnung machten es uns leichter, die Situation anzunehmen.

Was uns in dieser Situation sehr half, war das Angebot unseres früheren Prediger-Ehepaares, sich regelmäßig zu Gesprächen und Gebet zu treffen. Dort konnten wir alles loslassen, Gott nach dem Warum fragen und über unsere Gefühle sprechen. Ein Satz unseres Predigers ist mir immer noch in Erinnerung: »Gerade, wenn man denkt, Gott meine es nicht gut mit einem, sagt er uns in seinem Wort zu, dass er ein Gott des Friedens ist und nicht ein Gott der Zerstörung. Er will unser Bestes.«

Was wir mit unserem Gabriel erlebt haben, ist jetzt über zehn

Jahre her. Mittlerweile haben wir unseren neunjährigen Noah, unsere sechsjährige Anna und den vierjährigen Luca. Natürlich ist es da leichter, das Erlebte Gott abzugeben. Aber es war uns damals wichtig zu trauern, uns Zeit zu nehmen und Gott zu sagen, dass wir ihn nicht verstehen.

Auch für unsere Ehe war es eine große Spannung. Mein Mann trauerte als Mann anders als ich, und ich musste lernen, das zu akzeptieren. Deshalb vermisste er Gabriel nicht weniger. Wichtig war es uns auch, dass wir nicht einen andauernden Groll auf Gott hatten, was am Anfang recht schwierig war. Wir waren wie betäubt, fassungslos und auch wütend.

Ich denke jedoch im Nachhinein, dass wir durch diese traurige Erfahrung im Glauben gewachsen sind und sie zu unserem Leben gehört. Was wir nach dem Tod unseres Sohnes noch empfunden hatten war die Sehnsucht nach der Ewigkeit. Materielles war plötzlich unwichtig. Ich glaube, wir hätten uns sogar gefreut, bei Gabriel in der Ewigkeit zu sein.

Ich freue mich darauf, Gabriel wieder zu sehen und bin froh zu wissen, er ist bei Gott geborgen und geschützt.

*Patricia Knodel (Dezember 2010)*

# Für Gabriel

## *Hallo, mein Sohn*

*Mein geliebter kleiner Gabriel*
*Auf deinem Weg zum Leben*
*Hast du die Abkürzung zur Ewigkeit genommen*
*Anstatt mit uns auf der Erde zu leben*
*Wurdest du in den Himmel geboren*
*In der Geborgenheit im Bauch deiner Mutter*
*Hast du dein viel zu kurzes Leben beendet*
*Und gingst in die Geborgenheit deines himmlischen Vaters*
*In unseren Herzen haben deine kleinen Füße tiefe Spuren hinterlassen*
*Und ihre Narben werden uns zu allen Zeiten an dich erinnern*
*Unser Vater im Himmel wird einmal Antworten auf all die vielen Fragen haben*
*Und wissen, warum die Sonne trotzdem scheint und die Sterne lachen*
*Mein liebes Kind*
*Meine Tränen gehören dir*
*Und meine Gedanken werden dich immer begleiten*

*Dein Vater*

*Rainer Knodel*

## *Meine Reise mit Rebecca*

Die Schwangerschaft mit Rebecca war eine der glücklichsten Erfahrungen meines Lebens. Wir hatten viele Jahre gegen die Unfurchtbarkeit gekämpft, und unser Traum davon, ein Kind zu bekommen, sollte endlich wahr werden. Ich versuchte mit aller Kraft, so viel wie möglich von der Erfahrung zu verinnerlichen, und tat alles Menschenmögliche, um uns beide emotional und körperlich gesund zu halten. Nachdem die zwölfte Woche der Schwangerschaft vorbei war, hörte ich auf, mir Sorgen wegen einer möglichen Fehlgeburt zu machen, und entspannte mich in der Gewissheit, dass alles gut gehen würde. Während dieser Schwangerschaft bekam ein Paar aus unserer Gemeinde ein Kind, das starb, als es drei Tage alt war. Ich hatte schreckliches Mitleid mit ihnen, sorgte mich aber nicht darum, dass mir etwas Ähnliches passieren könnte. Ich erinnere mich, wie ich nach dem Ablauf der 28. Woche dachte, dass das Baby selbst bei einer Frühgeburt nun überleben würde. Während der 38. Woche zeigte das Ultraschallbild ein gesundes großes Baby, es lag zwar seitlich, aber das war kein Problem, wir würden dann eben einen Kaiserschnitt haben.

Vier Tage nach der Untersuchung platzte die Fruchtblase, und wir fuhren sofort ins Krankenhaus. Mir war bewusst, dass das Baby sich nicht bewegte, ich sagte mir aber, dass es keinen Grund zur Sorge gebe. Als wir ankamen, machte die Ärztin einen Ultraschall und teilte uns mit, dass keine Lebenszeichen messbar waren. Ich dachte: Bitte, schaut weiter nach – das konnte doch unmöglich wahr sein. Die Diagnose war ein furchtbarer Schock, damit hatten wir überhaupt nicht gerechnet. Die Ärzte begannen mit uns über den Zeitpunkt des Kaiserschnitts zu sprechen. Ich sollte entweder sofort operiert werden oder zwei Stunden warten, weil noch ein anderer Kaiserschnitt für den Morgen geplant war. Ich fragte sie, ob es ein Risiko für das Kind sei, zu warten, falls es noch lebte. Sie antworteten: »Im Moment sind Sie unsere größte Sorge.« Mit anderen Worten: Sie wussten, dass das Baby nicht mehr lebte, aber ich hatte diese Tatsache noch nicht akzeptiert. In diesen ersten Stunden erwischte ich mich immer wieder bei dem Gedanken, dass sie sich vielleicht doch geirrt hatten. Als mir langsam bewusst wurde, dass mein Baby wirklich tot war, begriff ich die Ausmaße dieser traumatischen Erfahrung doch noch lange nicht. Ich weinte auch nicht sofort – ich stand einfach nur unter Schock.

Ich war während des Kaiserschnitts bei Bewusstsein, und sie zeigten uns Rebecca, sobald sie auf der Welt war. Nach einer Weile begann ich, den körperlichen Schmerz der Operation zu spüren. Sie gaben mir ein Medikament, das mich sehr schläfrig machte. Ich erinnere mich nicht an die zweite Hälfte der OP, aber scheinbar habe ich mich trotz des Medikaments beklagt, dass es schmerzte. Wochen später erfuhr ich, dass sie sie ein zweites Mal hereingebracht hatten, aber daran erinnere ich mich nicht. Das bekümmert mich sehr.

Es war ganz große Klasse, wie die Hebamme uns durch diese traumatische Zeit begleitete. Sie zeigte uns unsere Möglichkeiten auf und machte hilfreiche Vorschläge, wie wir uns in unserer Situation am besten verhalten sollten. Die Ärztin, die uns eröffnete, dass Rebecca nicht mehr lebte, war auch sehr einfühlsam. Ehe sie das Ultraschallgerät wegstellte, fragte sie mich, ob sie noch einmal nachschauen solle, und ich sagte ja. Obwohl ihr klar war, dass das Baby nicht lebte, betrachtete sie dies nicht als Zeitverschwendung, sondern wusste, dass mir das helfen würde. Ich wusste die Sensibilität dieser beiden Menschen sehr zu schätzen.

Fünf Stunden nach dem Kaiserschnitt, als ich wieder klar war, brachten sie uns das Baby. Wir durften es haben, solange wir wollten. Die Krankenhausmitarbeiter waren sehr sensibel und mitfühlend und versuchten, uns die Situation zu erleichtern. Die Hebamme verwendete seinen Namen, was mir sehr gut tat. Als ich

Rebecca sah, empfand ich eine Mischung aus tiefer Trauer und Verwirrung und der Faszination, etwas zu sehen, das wir geschaffen hatten. So lange hatten wir uns gefragt, ob wir je Eltern sein würden. Nun war ich tatsächlich eine Mama, und meine Tochter war eine überwältigende Mischung aus Arnold und mir. Das war eine ganz besondere Erfahrung. Natürlich war das alles gleichzeitig unfassbar traurig und schwer. Es war so schmerzhaft, an all die Dinge zu denken, die wir mit ihr hätten erleben können – Dinge, die nun nie passieren würden.

Natürlich waren wir verwirrt und wollten die Ursache für ihren Tod in Erfahrung bringen. Nach dem Kaiserschnitt erklärten uns die Ärzte, dass die Nabelschnur sich nicht richtig entwickelt hatte. Eines der Gefäße war ungeschützt gewesen und deshalb geplatzt. Es schien, als sei sie etwa zwei Tage vor ihrer Geburt gestorben. Sie war ein großes, gesundes Baby gewesen, bis ihre Lebensader durchtrennt wurde. Ich zerbrach mir den Kopf darüber, was ich wohl zwei Tage vor der Geburt getan hatte, das diese Unterbrechung verursacht haben könnte. Immer wenn ich versuchte, mit irgendjemandem über diese Gedanken zu sprechen, beendeten die Leute die Diskussion mit dem Satz: »Es ist nicht deine Schuld, mach dir keine Vorwürfe!« Sie wollten nicht hören, was ich sagte, und ich fand das sehr hart. Erst Monate später im Gespräch mit meiner Hebamme hörte ich endlich jemanden sagen: »Es könnte auch etwas gewesen sein, das Sie getan haben – Sie wissen es nur nicht.« Ich fühlte mich sehr viel besser danach. Meine Ahnungen und Gefühle wurden endlich für voll genommen.

Während der nächsten Tage, Wochen und sogar Monate waren wir völlig überwältigt und bewegt von der Flut der mitfühlenden Reaktionen, die wir von allen Seiten erfuhren (E-Mails, Karten, Anrufe). Das trug uns. Es erfüllte uns mit Demut, zu sehen, wie der Tod dieses kleinen Mädchens Menschen berührte. Familie und Freunde fühlten sich hilflos und wollten verzweifelt wissen, was sie tun konnten. Wir sagten ihnen, zu sehen, dass sie da waren, sei alles, was wir brauchten. Auch die ganz kurzen E-Mails, in denen nur stand: »Es tut mir so leid, ich denke an euch«, bedeuteten uns sehr viel. Die Leute brauchten nichts Tiefgründiges zu sagen oder uns Rat zu geben. Zu wissen, dass sie mit uns fühlten, war alles, was wir brauchten.

Es war schwierig, dass wir nicht mehr Unterstützung von unserer örtlichen Gemeinde erfuhren. Nur wenige kamen zur Beerdigung, und als wir das erste Mal nach Rebeccas Tod im Gottesdienst waren, redeten die Leute kaum mit uns. Uns wurde gesagt, dies sei ein kultureller Unterschied und dass in der Schweiz die Meinung vorherrsche, dass man Trauernde besser allein ließe. Trotzdem hätte ich es als hilfreich empfunden, wenn mehr Leute gekommen wären und gesagt hätten: »Es tut mir so leid … kann ich irgendetwas tun?« Die Leute haben damals ganz sicher an uns gedacht, denn als später Emily zur Welt kam, kamen viele zu uns, die sagten: »Ich freue mich so für euch … ich war so traurig, als ihr euer erstes Baby verloren habt.« Es war schön zu hören, dass sie mit uns fühlten, aber ich wünschte, sie hätten das früher gesagt. Glücklicherweise kümmerten sich die Leute auf dem Bienenberg sehr intensiv um uns, und ich hatte das Gefühl, dass sie uns einen Platz in einem Land gaben, wo wir noch nicht besonders lange wohnten.

Während wir Rebeccas Beerdigung planten, war mir sehr wichtig, dass wir Dinge taten, mit denen wir vertraut waren. Ich sagte Arnold, dass alles erst auf Englisch gesagt und dann ins Deutsche übersetzt werden müsse. Rebecca war bei der Trauerfeier, die wir zuerst hielten, und dann gingen wir zur Beisetzung auf den Friedhof. So wird es traditionell in Kanada gemacht. Ich machte sehr deutlich, dass es bei diesem Ereignis nicht um den schönen Schein ging oder darum, irgendjemandem einen Gefallen zu tun. Es musste auf unsere Art ablaufen. Ihre Beerdigung zu planen, ihr einen Namen zu geben und besonders ihren Nachruf zu schreiben war sehr wichtig für den Heilungsprozess. Es machte Rebecca wichtig und gab ihr einen Platz.

Während wir unsere Trauer verarbeiteten, konnten wir sehr frei über unsere Erfahrung sprechen. Manche waren überrascht über unsere Offenheit, aber ich konnte mir nicht helfen. Ich wusste, dass dies der beste Weg sein würde, mit unserer Situation umzugehen, also redete ich mit jedem, der mir zuhörte, ohne mir darüber Gedanken zu machen. In der Schweiz sind die Leute zurückhaltender, und es scheint dort tabu zu sein, über so tiefe Gefühle zu sprechen. In Kanada ist das anders. Die Leute dort sind offener und haben in den letzten Jahren gelernt, dass es wichtig ist, über Trauer zu sprechen, um heil werden zu können. Dass ich mit anderen über das sprechen konnte, was ich durchlebte, half mir, meine Gefühle zu verarbeiten, weil ich sie in Worte fasste. Ich ließ sie an meiner Erfahrung teilhaben und erlaubte ihnen, die Last mit mir zu tragen. Das war sehr tröstlich.

Viele nahmen an, wir würden Gott dafür anklagen, dass er Rebeccas Tod zuließ. Manche sorgten sich um unseren Glauben und sagten uns, wir sollten nicht wütend auf Gott sein. Das ärgerte uns. Tatsächlich war nämlich das Gegenteil der Fall. Ich fühlte mich Gott näher und suchte Trost in meinem Glauben. Wir hatten ein abendliches Ritual, bei dem wir eine Kerze anzündeten und das für mich eine Zeit des stillen Gebets war. Wir spielten viele Taizé-Gesänge, und das Lied »Oh Lord Hear My Prayer« war eines, in dem ich mich mit meinen Gefühlen besonders gut wieder fand.

Der Trauerprozess war für mich sehr langwierig. Am Anfang war der Schmerz unerträglich, und ich war nicht stark genug, alles auf einmal zu ertragen. Vieles schob ich zur Seite, um die Dinge nach und nach anzugehen. Im Krankenhaus leugnete ich so ziemlich alles. Ohne Rebecca nach Hause zu kommen, war vielleicht der schwierigste Moment der ganzen Zeit. In diesem Augenblick tauchte ich tiefer in die Realität dessen ein, was da geschehen war, und erlaubte mir, mehr Schmerz zuzulassen. Als es zu viel wurde, musste ich aufhören. Während der nächsten Monate erlaubte ich mir in regelmäßigen Abständen, tiefer gehend über die Erfahrung nachzudenken und eine neue Stufe der Trauer zu erreichen. Immer nur so viel zu verarbeiten, wie ich es gerade konnte, und das immer wieder, war der einzige Weg für mich zu überleben. Ich versuchte, sehr vorsichtig mit mir umzugehen und nicht zu viel zu erwarten. Selbst die einfachsten Dinge dauerten lange, brauchten ihre Zeit – morgens aufstehen, duschen. Ich musste mir selbst sagen, dass das in Ordnung war. Es war alles ein Teil des Heilungsprozesses.

Ich erinnere mich, wie ich die verschiedenen Phasen der Trauer im Psychologie-Seminar studierte: Nicht-wahrhaben-Wollen, Zorn, Verhandeln um das Überleben, Depression, Zustimmung (*bewusste* und *verklärte Annahme*). Während ich meine eigene Zeit der Trauer um Rebecca durchlief, versuchte ich, diese Phasen zu identifizieren. Ich merkte, dass ich sie nicht in einer besonderen Reihenfolge erlebte, sondern all diese Dinge zu verschiedenen Zeiten fühlte. Es war hilfreich zu wissen, dass diese Gefühle normal und ein gesunder Teil der Trauerarbeit sind.

Einige Zeit später (ich weiß nicht mehr genau, wann) fühlte ich mich, als wäre ich so tief in meinen Schmerz eingetaucht, wie ich es nur konnte. Ich versuchte, Dinge zu finden, die es noch zu verarbeiten galt, und ich fand keine mehr. Natürlich war der Schmerz noch nicht vorüber, und vielleicht würden mit der Zeit neue Dinge an die Oberfläche kommen, aber das war ein Wendepunkt für mich. Es war gut zu wissen, dass ich, anstatt weiter in meinen Schmerz hineinzugehen, nun wieder herauskommen konnte. Die negative Seite des Ganzen war, dass mir bewusst wurde, dass Rebecca nie hier sein würde, egal, was ich tun würde, und egal, wie viel ich daran arbeiten würde. Der Schmerz ist im Laufe der Zeit weniger geworden, die Wirklichkeit meiner Situation aber bleibt bestehen, und ich muss lernen, damit zu leben. Es ist schwierig, das zu akzeptieren.

Fünf Monate nach Rebeccas Tod wurde ich mit Emily schwanger, was eine Überraschung für uns war, da es mit Rebecca so lange gedauert hatte. Natürlich war ich froh, und es linderte meinen Schmerz etwas, da viel davon auf den Gedanken ausgerichtet gewesen war, überhaupt nie ein Kind zu bekommen. Es war aber auch schwierig für mich, weil mich die Gefühle zu sehr daran erinnerten, wie glücklich ich während der Schwangerschaft mit Rebecca gewesen war und wie tragisch die Sache geendet hatte. Neues Leben in mir zu spüren besiegelte die Realität, dass es nicht Rebecca war und dass sie wirklich tot war. Da war immer noch so viel Trauer zu bewältigen. Ich sorgte mich nicht um Emilys Wohlbefinden, weil ich wusste, dass dieselbe Sache nicht noch einmal passieren würde. Es war ganz sicher wunderbar, ein anderes Kind zu bekommen, aber es fiel mir trotzdem schwer, wirklich glücklich zu sein. Das war verwirrend. Ich spürte, dass Leute, die wir kannten, dachten, dass nun alles gut werden würde, aber für mich war das alles noch lange nicht vorbei.

Kurz vor Emilys Geburt merkte ich, wie ich sehr besorgt wurde. Ich bereitete mich auf ein weiteres Trauma vor, auf ein schwieriges und trauriges Ereignis. Ich wusste, dass es ihr gut gehen würde, die Ärzte hatten sichergestellt, dass dasselbe Problem nicht noch einmal aufgetreten war. Trotzdem konnte ich mir die Geburt nicht als etwas Positives vorstellen, weil meine einzige Erfahrung damit eine so negative gewesen war. Am Ende war ich angenehm überrascht darüber, dass Emilys Geburt ein durch und durch glückliches Ereignis war, und es wurde nicht nur ein Traum wahr, es fand auch noch mehr Heilung statt.

Rebeccas Platz in meinem Leben hat sich über die Jahre verändert. Am Anfang versuchten wir, Rebecca als einen wirklichen Teil unseres Alltags zu erhalten. Wir schauten uns jeden Abend Bilder von ihr an. Wir wollten sie nicht vergessen. Wir wollten die Dinge behalten, die für sie bestimmt waren. Wir wollten über unser Kind sprechen. Ich möchte immer noch, dass sie ein Teil unseres Lebens ist, aber zu irgendeinem Zeitpunkt musste ihr Leben zu einer Erinnerung werden. Wir konnten nicht weiterhin so tun, als sei sie immer noch bei uns.

Dieser Prozess verlief langsam, und das ist in Ordnung. Ich glaube, ich habe ganz irrational versucht, herauszubekommen, wie ich sie wiederbekommen könnte. Gleichzeitig versuchte ich, sie gehen zu lassen, die Erinnerung an sie aber am Leben zu erhalten. Ich brauche nicht mehr so oft auf den Friedhof zu gehen, aber es war wichtig für uns, vor Kurzem einen Grabstein zu kaufen, um ihr Grab zu kennzeichnen und als eine Erinnerung an sie. Sie war und ist ein wichtiger Teil meines Lebens, und ich werde die Erinnerungen, die ich an sie habe, immer schätzen und in Ehren halten.

*Sheri Neufeldt-Fast, damals Liestal, CH, inzwischen wieder in Kanada*

# *Rebecca …*

Was unsere jahrelange unerwünschte Kinderlosigkeit betrifft, so dachten wir lange Zeit, wir hätten – oder ehrlich gesagt, meine Frau hätte – schon ziemlich alles erlebt: unzählige Untersuchungen, Kontrollen, künstliche Befruchtungen, Fehlgeburten und so weiter und so fort. Manchmal dachte ich, dass an dem frommen, aber sexistischen Gebet aus dem Talmud schon etwas dran war: »Ich danke dir, o Gott, dass du mich nicht zu … einer Frau … gemacht hast!« Dann endlich nach fünf Jahren erlebten wir überraschenderweise doch eine Schwangerschaft, die sich sogar normal entwickelte. Wie glücklich waren wir. Zwei Wochen vor dem Geburtstermin sagte uns der Arzt, das Kind habe sich gut entwickelt, es sei sehr groß, liege aber in einer Querlage und wir müssten deswegen für die nächste Woche einen Kaiserschnitt organisieren. Dass es einen Kaiserschnitt brauchte, war für uns zwar eine Enttäuschung, aber wir dachten, dass es wohl besser sei, kein Risiko einzugehen.

Drei Tage später brach ganz unerwartet das Fruchtwasser bei meiner Frau. Mit großer Freude fuhren wir mit Koffer und Fotoapparat zum Krankenhaus, doch bei der ersten Untersuchung sagte uns die Ärztin, dass sie weder ein Lebenszeichen hören noch eines sehen könne. »Was? Unmöglich! O Gott, nein! Und was jetzt?« In mir regten sich zugleich Schock, Leugnung, eine noch nie erfahrene Tiefe des Seelenschmerzes, praktische Orientierungslosigkeit (hier behielt meine Frau zunächst eher einen klaren Kopf: Das Baby muss jetzt zuerst raus) und die intensivste Gottessuche.

Vieles, was wir fühlten, konnten wir mit dem folgenden »Lebenslauf« zusammentragen, der dann bei der Abdankungsfeier gelesen wurde:

*Unsere Tochter Rebecca verbrachte ihr ganzes Leben im Leib ihrer Mutter. In diesen neun Monaten hatte sie uns mehr Begeisterung und Freude beschert, als wir messen könnten. Rebecca war ein lang ersehntes Geschenk, und an dem Tag, an dem wir herausgefunden hatten, dass dieses neue Leben begonnen hatte, waren wir sehr stolz und dankbar. Das erste Ultraschallbild von ihr wurde gemacht, als sie sieben Wochen alt war. Wir waren verzückt, als wir ihr Herz schlagen sahen. Sie war real!*

*Rebeccas Leben begann in Kitchener, Ontario, Kanada, wo wir wohnten. Kurz darauf begannen wir uns auf unseren Umzug in die Schweiz vorzubereiten, und Rebecca war so sehr ein Teil dieses Prozesses. … Ihr nächstes Ultraschallbild und -video wurden mit 21 Wochen gemacht, und wir verliebten uns in sie: Unser Baby war ein sich entwickelndes kleines Mädchen! Wir waren so glücklich, dass wir dies im Voraus wissen konnten, und begannen schließlich, sie beim Namen zu nennen: Rebecca.*

*Am 16. August 2000 überquerte sie den Atlantischen Ozean, reiste durch Holland, Deutschland und Frankreich und ließ sich schließlich in der Schweiz auf dem Bienenberg (Liestal) nieder. In ihrem kurzen Leben war Rebecca bereits zu einer Weltreisenden geworden.*

*Das Ausbildungs- und Tagungszentrum Bienenberg war Rebeccas Heim im letzten Drittel ihres Lebens. Hier entwickelte sie sich im Mutterleib zu einem ausgewachsenen, gesunden Kind. Die frische Waldluft des Bienenbergs und die klaren Quellwasser nährten Rebecca, und sie war wieder verbunden mit dem Land, das ihre Vorfahren 300 Jahre zuvor verlassen hatten.*

*Über die letzten neun Monate war Rebecca auf eine intime Weise bei uns gegenwärtig, und wir waren uns dessen bewusst. Wir haben mir ihr durch Mommys Bauch geredet und Witze gemacht, ihre Füße gekitzelt, für sie gesungen und ihr Musik vorgespielt und sind mit ihr spazieren gegangen. Sie nahm in unseren Gedanken und Träumen für die Zukunft fast die führende Rolle ein, und wir konnten es kaum erwarten zu entdecken, wie sie aussehen würde.*

*Als sie 38 Wochen alt war, zeigte ein Ultraschallbild, dass sie sich zu einem großen, gesunden Mädchen entwickelt hatte. Und doch endete ihr Leben traurigerweise nur ein paar Tage später, am 28. November 2000, kurz bevor ihre Mutter sie gebären sollte. Sie zu verlieren ist fast mehr, als wir ertragen können.*

*Obwohl Rebecca niemals die Welt und die Menschen um sie herum sah, hatte ihr Leben einen durchdringenden Einfluss auf uns, ihre Verwandtschaft und viele andere, die sie bereits sehr liebten. Selbst im Mutterleib hat uns Rebecca mit großer Freude und viel Glück bereichert, was uns nicht genommen werden kann, was nie vergessen wird und wofür wir Gott immer dankbar sein werden.*

*Rebecca, wir werden dich immer lieben, und die Freude, die du uns bereitet hast, wird für immer in unseren Herzen leben.*

*Deine dich liebenden Eltern*

## *Der Vater mit seinem Kind*

Nach der Beerdigung unserer totgeborenen Tochter kam mir Goethes »Erlkönig« öfter in den Sinn. Meine Gedanken ein paar Wochen nach Rebeccas Tod: »Die Hebamme legte sie in meine Arme: Das Kind war tot. Nicht Gott, sondern der Feind hat ihr ›ein Leids getan‹. Mit der ›Sichel‹ hat er sie direkt getroffen und mich dabei gravierend verstümmelt. Er hat gewonnen. Ihr Tod ist endgültig. Ja, das weiß er genau. Er lacht mit dem Lachen eines siegreichen Feindes: ›Ha, hier ist mein Sieg; hier ist mein Stachel!‹ Selbst Wochen später hängt er noch wie ein Schatten über mir, zieht mich zu jeder Zeit herunter, packt mich von allen Seiten an. Und das Schlimmste ist das Lachen … der Spott hört nicht auf. O Gott, wie kann ich *seiner* Gegenwart fliehen?«

Warum, Gott? Warum lässt du ein unschuldiges Kind sterben? Dafür gäbe es vermutlich viele Antworten (zum Beispiel »Auch ein perfektes Bild braucht Schatten«, »Gott wollte *uns* etwas lehren« oder naiver »Gott *brauchte* noch einen ›Engel‹« usw.) – sie greifen aber alle zu kurz. Wer »Warum?« fragt, sucht keine rationale Erklärung, sondern Befreiung und Erlösung aus der Hand des »letzten Feindes«, wie der Apostel Paulus ihn nennt – man will etwas vom Sieg Gottes erfahren. Ich bin mir völlig bewusst, dass diese »Kampf«-Sprache eher »männlich« ist und vermutlich nicht die Sprache, die man in den anderen Beiträgen dieses Bandes findet. Aber gerade auch als Christ (und Pazifist) finde ich eine solche Sprache gegenüber dem Tod immerhin passend – das heißt biblisch, existenziell, seelsorgerlich, der Realität entsprechend richtig!

### *Was hat uns geholfen?*

*Wir haben ihr einen Namen gegeben:* Rebecca heißt sie. Wir kennen sie – und auch Gott kennt sie – beim Namen. Ihr einen Namen zu geben ist eine Kampfansage: Selbst der Tod kann ihr diesen Namen nicht nehmen. Am letzten Tag wird Gott auch ihren Namen rufen (*Fürchte dich nicht, denn ich habe dich erlöst; ich habe dich bei deinem Namen gerufen; du bist mein!* Jesaja 43, 1).

*Wir haben sie gesehen und gehalten:* Nachdem meine Frau aus der Narkose aufgewacht war und Rebecca gewaschen worden war, hatten wir eine Stunde – die schwierigste unseres Lebens – allein mit Rebecca. Nichts hätte uns darauf vorbereiten können. Aber diese Stunde war äußerst wichtig für uns: Rebecca endlich zu sehen und mindestens einmal zu halten und zu streicheln. Sie war wunderbar, groß (3545 Gramm, 50 Zentimeter!) und bildhübsch – eine echte Mischung von uns beiden. Wir saßen zusammen, haben zu ihr gesprochen, ihr unsere Wünsche gesagt, ihr einiges versprochen und viel geweint. Als »stolzer« Vater kam ich ja auch mit dem Fotoapparat in größter Erwartung zum Krankenhaus – dies sollten *die* schönsten Fotos werden! Und jetzt musste ich Fotos von unserer verstorbenen Tochter machen –, wieder die schwierigsten meines Lebens. Es war für uns aber wichtig, das zu tun –, und wir schauen sie gelegentlich noch an.

*Wir haben viel über unseren Verlust geredet:* Für uns war es therapeutisch wichtig – sehr wichtig –, über Rebecca und unsere Erfahrung zu sprechen (deswegen schreiben wir auch diesen Artikel!). Die besten »Trauergäste« hörten einfach zu oder saßen da mit uns zusammen. Im Krankenhaus hatten wir eigentlich weniger Besuch, als wir es uns wünschten – vielleicht, weil wir ganz neu zur Gemeinde gehörten, vielleicht, weil man dachte, wir brauchten Raum, um zu trauern (*wie* man trauert, ist sicherlich kulturell geprägt). Gott sei Dank hatte die Hebamme für ein Einzelzimmer gekämpft und ich durfte eine Woche lang mit meiner Frau zusammen im Zimmer bleiben – Tag und Nacht. Konkret hilfreich waren ein Kollege und seine Frau, die auch Kanadier sind und die zwei erwachsene Kinder verloren hatten. Sie konnten uns durch den ganzen Prozess in englischer Sprache begleiten (meine Frau sprach zu diesem Zeitpunkt fast kein Deutsch) und uns dabei helfen, die kulturellen Unterschiede beim Tod, bei der Bestattung, Abdankung, Beerdigung und Trauer zu interpretieren.

*E-Mail/Telefon/Post:* Da wir weit von unserer Familie und von alten Freunden entfernt waren, waren sowohl das Telefon als auch ganz besonders E-Mails eine wunderbare Hilfe in dieser Zeit. Ich informierte unsere Eltern per Telefon, die es dann unseren Geschwistern weitersagten. Innerhalb von 24 Stunden erhielten unsere Freunde eine kurze E-Mail von mir. Innerhalb von zwei Tagen kam eine Flut von E-Mails zurück. Dieses kleine Leben und ihr Tod haben so viele Menschen tief berührt – das war für mich irgendwie überraschend und unerwartet! Zu wissen, dass andere tatsächlich mit uns leiden, hat uns in den ersten Tagen sehr geholfen. Der Schmerz hörte nach den ersten Tagen nicht auf. Einige wussten das auch und haben bewusst einen Monat später per Post etwas geschrieben oder gesendet. Zu wissen, dass andere unser Leid nicht vergessen hatten, hat mir auch sehr gut getan.

Die besten Gespräche für mich waren telefonisch nach Kanada mit meinem besten Freund, der selbst ein paar Jahre vorher ein Kind verloren hatte.

*Die Gebete der »Gemeinde« tragen:* Wir mussten jeden Tag Unmögliches tun: aufs Zivilstandesamt gehen und gleichzeitig Rebeccas Geburt *und* ihren Tod melden, dann nach Hause fahren und in die vorbereitete Wohnung kommen – jedoch ohne Kind –, am Grab stehen und sie begraben usw. Ich wusste, dass viele für uns beteten und uns so oder so »tragen« wollten. Nur ein Beispiel: Unsere Heimatgemeinde in Kanada organisierte einen Trauer- und Gebetsabend für uns, zu dem auch viele kamen. Wir wussten das und spürten es. Nachher merkte ich: Das Undenkbare haben wir tun können; irgendwie sind wir durchgekommen; irgendwie wurden wir über den Abgrund getragen. Und das »Irgendwie« war für mich das Netz von Gebeten, war Gott selbst. Und noch viel später haben uns einige bei den nicht geringen Kosten für einen Grabstein geholfen. Dafür war und bin ich dankbar.

*Eine Kerze:* Die Kerze im Wohnzimmer spielte jeden Abend eine symbolisch-heilende Rolle. Die fast allgegenwärtige Dunkelheit wurde von diesem einen kleinen Licht kämpferisch und mächtig zurückgedrängt. Ich konnte mich mit dem Kampf des Lichtes identifizieren. Tatsächlich hat die Dunkelheit alles weit und breit umhüllt, und dieses Gefühl wollte ich, konnte ich nicht vorschnell verleugnen: Der Kampf hat mir das Teuerste weggerissen. Wo das Licht um einen herum fast nicht mehr existiert, beginnt man, das Licht, das Leben in sich selbst zu spüren. Es braucht nur ein kleines Licht, um die noch herrschende Nacht zu durchbrechen; daran hat die Kerze mich erinnert – der große Sieg über den Tod steht noch bevor, auch wenn der Kampf schon entschieden ist.

*Von der Oberfläche in die Tiefe:* So eine einschneidende Erfahrung konzentriert das Leben, bringt es auf den Punkt, fokussiert die wenigen vorhandenen Kräfte wie ein Brennglas, um das Triviale vom Wichtigen klar und scharf zu unterscheiden und wegzubrennen. Was bis dahin immer so wichtig und interessant für mich war, schien mir plötzlich so belanglos. Ich konnte die Nachrichten kaum mehr hören – und ganz sicher nicht die Werbung. Ich wurde besonders empfindlich für oberflächliches Gerede. Ich gehe gerne joggen, und der Weg durch die stille, hügelige Landschaft rings um den Bienenberg wurde zur Landkarte meiner Seele. Ich musste regelmäßig nach unten ins Tal, um den Tiefpunkt zu konfrontieren; und gerade bei diesem schwierigen Punkt fühlte ich mich sowohl Rebecca wie auch Gott nahe; hier konnte ich immer auch die Kraft schöpfen, wieder hochzulaufen. Die Erfahrung brachte mich sicher zu einer profunderen Ebene meines Lebens. Ich wurde reifer, Prioritäten waren viel leichter zu setzen. Wüstenzeiten lassen Neues beginnen. In diesem Sinn kann das Leid einen »pädagogischen« Wert haben bzw. bekommen – auch wenn es das Leid weder rechtfertigt noch erklärt.

*Abdankung/Beerdigung:* Eine »Abdankung« und Beerdigung waren für uns selbstverständlich. Man kann so etwas zum Beispiel privat mit einigen Familienmitgliedern, mit einer Kleingruppe und einem Pastor gestalten. Wir machten es öffentlich im Andachtssaal des Theologischen Seminars Bienenberg, an dem ich unterrichtete und wo wir wohnten. Klagen, Danken und Hoffen waren die Stichwörter, die der Feier den Rahmen gaben.

Einige Christen trauen sich nicht, vor Gott zu klagen: Aber gerade vor Gott hat die *Klage* ihren berechtigten Ort. Es gibt auch eine Reihe von »Klagepsalmen«, die uns dabei helfen; wir wählten Psalm 13 für uns aus. Doch Klagen war nicht das Einzige, das wir tun mussten bzw. sollten.

Tatsächlich hatte Rebecca uns auch viel Freude geschenkt. Für mich war diese Erwartungszeit eine der glücklichsten Zeiten unserer Ehe. Meine Frau und ich wollten Gott für diesen kurzen Weg, den wir mit Rebecca gehen durften, auch *danken*. Wir haben das mit einem »Lebenslauf« und mit einem Gebet von und für Rebecca ausgesprochen (das dürfen Eltern doch, oder?).

*Hoffen war der Schlüssel des Ganzen:* Wir hatten mehr als fünf Jahre auf ein Kind gehofft. Mit der sich gut entwickelnden Schwangerschaft schien es, als ob diese Hoffnung jetzt langsam Realität würde. Dementsprechend waren viele unserer Hoffnungen für die Zukunft mit Rebecca gestorben. Wir waren überhaupt nicht sicher, ob wir wieder schwanger werden konnten. Wir wählten Römer 8, 22-27 für den »Kurzpredigttext« der Abdankungsfeier: Die Schöpfung ist gefallen. Sie ist der Vergänglichkeit noch unterworfen – und diesmal hat es uns getroffen. So will es Gott nicht, und wir mit der ganzen Schöpfung seufzen und sehnen uns nach der Erlösung. Es ist Gottes Geist, der in uns betet: Dein Reich komme!

Wichtig war auch der Gedanke, dass der Tod wirklich der letzte *Feind* ist (Matthäus 27,46; 1. Korinther 15,26) – und gerade nicht der *Freund*, der Rebeccas Seele vom Körper irgendwie »befreit«. Sie liegt tot – Leib und Seele – im Grab. Entweder gibt es eine ganzheitliche Auferstehung *aus* dem Tod – Leib *und* Seele –, oder unsere Osterfreude ist nur Schein, unsere Hoffnung leer. Für mich war es theologisch-seelsorgerlich hilfreich zu sagen: Rebecca ist ganz tot. Nur die unmöglichste Möglichkeit – Auferstehung! – könnte jetzt helfen. Das war und bleibt meine Hoffnung. Die Karten mit den Gedanken, Rebecca sei jetzt ein »Engel« oder dass Gott das irgendwie so »gewollt« hätte und es sei irgendwie sicher »besser so«, sind theologisch schief und haben den Schmerz und den Ärger nur vergrößert. Mit der Auferstehungsbotschaft war ich gestärkt, um zum Grab zu gehen und das zu tun, was jetzt dran war: Rebecca zu begraben.

Dieser Bericht ist für Rebecca geschrieben – Teil eines Versprechens, sie nie zu vergessen. Gott hat uns inzwischen noch eine Tochter geschenkt – Emily –, die jetzt drei Jahre alt ist. Sie ist einfach wunderbar, und sie schenkt uns täglich die größte Freude. Sie weiß von Rebecca und lässt ab und zu einen Ballon für ihre Schwester zum Himmel steigen. Emily hofft noch auf Geschwister, aber bis jetzt ist es nicht gelungen. Unser Ringen mit Unfruchtbarkeit, Fehlgeburten, mit der Achterbahn von Hoffnungen und Enttäuschungen hat sein Ende noch nicht gefunden. Da wir Emily haben, ist die Qualität oder Intensität der Enttäuschungen aber eine andere. Unterwegs habe ich gelernt, dass ich »außer Kontrolle leben« muss und kann, das heißt, ich kann damit zurechtkommen, dass ich mein Leben nicht ganz im Griff habe, dass vieles überraschend, ungeplant und ungewollt geschieht. Aber ich habe auch gelernt zu vertrauen, dass Gott das Ganze gut kennt: Als »Mann« sage ich, Gott hat's im Griff und wird diesen Kampf zum guten Ende bringen! Aber vielleicht ist das »weibliche« Bild das »stärkere« … Auch wenn ich mein wie auch Rebeccas Leben nicht »im Griff« habe, so glaube ich, dass wir beide, dass wir alle »leben, weben und sind« im Leben spendenden Schoß Gottes.

*Arnold Neufeldt-Fast, damals Liestal, CH, inzwischen wieder in Kanada*

## *Philippe, du bleibst in meinem Herzen*

Erwartungsvoll läuten wir an der Tür der Arztpraxis. Heute können wir endlich wieder unser Kind auf dem Ultraschall anschauen und nachher ein Bild zum Betrachten mitnehmen. Zu Hause ist alles erledigt, damit wir den Abend auskosten können und ihn für unsere »Familie« haben.

Wir erwarten unser erstes Kind im Herbst! Nach verschiedenen Blutungen und wochenlangem Liegen fühle ich mich in der 22. Schwangerschaftswoche zum ersten Mal wieder gut. Erstaunt bin ich, dass ich noch keine Kindsbewegungen wahrgenommen habe. Ich bin aber zuversichtlich, dass die Ärztin eine Erklärung dafür hat. Alle Mütter haben mir zudem versichert, dass ich die Bewegungen nur nicht als diese erkenne.

Nach dem einleitenden Gespräch lege ich mich auf das Untersuchungsbett. Mein Mann hält mir die Hand, die Ärztin schüttet Gel über den Ultraschallstift, macht aufmunternde Bemerkungen, und los geht es: »Hallo, unser Kind!« Seltsam, meine Ärztin kommentiert das Bild überhaupt nicht. Ich kann Rückgrat, Beine, Hände erkennen. Es ist still. Mein Mann drückt mir fest die Hand. Gebannt starren wir abwechselnd in das ernste Gesicht der Ärztin und auf den Monitor. Die Ärztin fährt immer wieder über meinen Bauch. Was ist nur los? Ich halte es fast nicht mehr aus. Ein stummer Schrei fährt durch meinen Körper. Tränen rollen über mein Gesicht.

Das Herz schlägt nicht mehr. Unser Kind ist gestorben!

Und plötzlich ist alles anders in meinem Leben.

Wir nehmen uns fest in die Arme, weinen zusammen und versuchen zu verstehen: Unser Kind, das wir schon so liebten, lebt nicht mehr, wird nie leben. Unser Lebenswunsch ist zerplatzt und fort …

Irgendwie sind wir nachher nach Hause gekommen, haben die Arbeitsstellen informiert, beide Elternteile besucht – und was nun?

Weil es Nacht ist, gehen wir zu Bett. Mein Mann streichelt den Bauch, sagt dem Kind, wie gerne er es hat. Zum letzten Mal spielen wir ihm die Spieldose vor.

Ich liege wach in meinem Bett. Meinen Körper schüttelt es vor Schmerz. Die Tränen fließen in Bächen. Das Kissen ist so nass, dass ich es auswechsle. Ich wäre so froh, wenn alles schon hinter mir wäre. Wie fühlt es sich an, ein totes Kind im Bauch zu haben? Kind unserer Wünsche, du bist doch noch da!

Am nächsten Tag werden wir im Krankenhaus von einer kompetenten Hebamme erwartet. Sie bereitet uns gedanklich auf das Kommende vor, nimmt unsere Gefühle und Wünsche auf, leitet uns mit Fragen: Soll unser Kind einen Namen haben? Ja, denn du gehörst zu uns! Wünschen wir eine Sektion, ein Grab, eine Beerdigung? In mir schreit es: Ich will, dass unser Kind lebt! Ich will mich nicht mit Grab und Beerdigung beschäftigen.

Nach dem medizinischen Einleiten der Geburt machen wir einen Spaziergang an der lauten Hauptstraße des Dorfes entlang. Wir einigen uns auf den Namen, wünschen uns ein Grab ohne Beerdigung, wollen unser Umfeld mit einer Karte informieren. Wir gehen in ein Schreibwarengeschäft und suchen nach einem geeigneten Sujet. Ich ertrage es fast nicht, so traurig unter Menschen zu sein, die ihren Alltag leben. Ich muss raus aus diesem Laden, lasse meinen Mann entscheiden.

Müde treffen wir wieder im Geburtszimmer ein. Ich bin erleichtert, dass wir auf einem Doppelspitalbett ausruhen können. In meinem Unterleib breiten sich leichte Schmerzen aus. Ich bin froh, dass auch der Körper schmerzt, nicht nur die Seele. Die starken Wehenschmerzen werden mir durch eine Spiralanästhesie erspart.

Da ich nicht mehr Schmerzen fühle, will ich das Kind noch ein bisschen behalten. Ich sage ihm, wie gerne ich es habe, was ich alles mit ihm erleben wollte, stelle fest, dass ich es nie lachen sehe, dass wir nie über eine Wiese rennen und dass wir keine Schnecken betrachten werden können. Ich bin unendlich traurig.

Am nächsten Morgen nach weiteren Einleitungsversuchen durchfahren mich unerwartet starke Wehenschmerzen. Die Hebamme eilt herbei und fordert mich zum Pressen auf. Entsetzt starre ich sie an: Wie geht pressen? Ich weiß doch nicht, was pressen ist! Ich wollte doch diese Geburt noch gar nicht – nicht jetzt! Doch schwupps, unser Philippe findet seinen Weg auf diese Welt, die er nie kennen lernen wird. Ein kleines Kind mit Armen, Beinen, Gesicht … Alles ist da, und trotzdem schlägt dein Herz nicht. Ich nehme ihn in den Arm, sehe mir unser Kind an, bin unendlich traurig und weiß, dass ich diesen Moment nie vergessen werde. Aber es ist nicht das lebendige Kind meiner Träume, sondern ein toter Körper, von dem es mir leicht fällt, Abschied zu nehmen.

Nun bin ich nur noch erschöpft, bin froh, dass es eine Auskratzung gibt und ich in einer Narkose Ruhe und ein bisschen Distanz finde. Mein Mann bleibt während dieses Eingriffs allein im Zimmer zurück und nimmt Abschied von Philippe. Für ihn wird dies der einsamste und hilfloseste Moment.

Die Ärztin informiert uns, dass ein großes Myom zum Tod von Philippe geführt haben könnte. Nach einer weiteren Nacht verlasse ich vorzeitig das Krankenhaus. Es fehlen mir die Nähe zu meinem Mann und die absolute Privatsphäre.

Mein Mann organisiert die schriftlichen Dinge, verhandelt mit der Gemeinde, dass unser Philippe trotz seines frühzeitigen Todes auf dem Friedhof einen Platz im Gemeinschaftsgrab bekommt.

Nach einigen Stunden Schlaf weiß ich nicht mehr, was ich machen soll, kann, muss …

Auf gar keinen Fall will ich unter Menschen. Mein Mann besteht auf einem kleinen Ausflug in den nahen Wald. Doch diesen Spaziergang ertrage ich fast nicht: diese Kraft der Natur im Juni, dieses saftige Grün der Wiesen, die fröhlichen Blumen am Wegrand, die mächtigen Bäume ... und unser Philippe durfte nicht leben. Ich kann mir nicht vorstellen, dass ich je wieder glücklich sein oder lachen kann. Ich flüchte in unsere vier Wände und warte auf Reaktionen auf unsere Todesanzeige. Ich fühle, wie unser Umfeld bestürzt ist und nach Worten sucht.

Der Friedhofsgärtner setzt unseren Philippe im Gemeinschaftsgrab während des Mittagsgeläuts bei. Wir nehmen uns in die Arme, weinen, und ich bin überzeugt, dass er in diesem Moment nahe bei uns ist.

Mein Mann beginnt wieder mit der Arbeit, und ich versuche, die Tage zu überleben. Die Gänge außer Haus unternehme ich nur zur Beschaffung von Lebensmitteln. Ich putze die Fenster, die Heizkörper, räume Schränke aus, mache allerdings einen riesigen Bogen um das zukünftige Kinderzimmer mit der Wickelkommode und den ersten Kleidern.

Zu einer Kontrolluntersuchung muss ich wieder in die Arztpraxis. Ich spüre, wie ergriffen die Arztgehilfin und die Ärztin sind. Stumm höre ich mir das weitere Vorgehen an und wo wir Hilfe finden können. Die Sektion hat ergeben, dass Philippe keine organischen Fehler hatte, dass er ein »gesundes« Kind war.

Mein Mann und ich zünden gemeinsam eine bestimmte Kerzenlampe an, wenn wir um Philippe trauern. Ein Licht, das uns für unsere Trauer geschenkt wurde. Es ist unser Philippelicht.

Da ich die Not meiner Arbeitsstelle nach einer zweiwöchigen Abwesenheit spüre, beginne ich wieder, halbtags zu arbeiten. Der Kaderberuf in einem Spital in der Hauswirtschaft hat mir bis dahin Spaß gemacht und war mir sehr wichtig. Doch die Begegnung mit unseren fast hundert Mitarbeiterinnen wirft mich fast um. Ich werde umarmt, die Hand wird mir gedrückt, man sucht hilflos nach Worten und wirft mir scheue Blicke zu. Diese Begegnungen brauchen viel Kraft. Nachdem ich mich zwei Tage durch dieses Mitgefühl gekämpft habe, werde ich zu meiner Vorgesetzten gerufen, und sie macht mir klar, dass sie von nun an keine Tränen mehr sehen will, sondern wieder Leistung erwartet.

Von nun an wird es für mich schwierig: Ich kann kaum schlafen. Meist erwache ich um drei Uhr morgens. Die Tränen fließen endlos. Ich kann versuchen, gegen sie anzukämpfen, doch sie laufen weiter, ich kann sie laufen lassen, und ich schlafe auch so nicht. Tagsüber stehe ich unter enormem Leistungsdruck, unter ständig überwachenden, vorwurfsvollen Blicken. Die gemeinsamen Pausen und Sitzungen sind für mich eine Tortur.

Ein weiterer Arztbesuch steht an: Ich werde zu einem Spezialisten für Myome geschickt. Mein Mann begleitet mich. Das erneute Erzählen unserer Geschichte in einem Arztzimmer, die Untersuchung mit dem Ultraschall und die Bilder von Embryos lösen in mir einen Weinkrampf aus. Der Professor hilft mir und gibt mir folgenden Leitgedanken mit auf den Weg: Philippe wird mich bis zu meinem Tod begleiten und ein Teil meines Lebensweges sein. Ich solle diese Trauer, dieses Abschiednehmen, für immer annehmen.

In der Frauenklinik wird mein Myom operativ abgetrennt. Meine Arbeitsstelle hat für eine erneute Abwesenheit von einer Woche kein Verständnis. Doch der Professor und mein Mann bestehen auf diesem Eingriff. Der Professor ist mit dem Resultat zufrieden. Das Myom befand sich groß ausgedehnt an einer verengten Stelle und hätte ein weiteres Kind wieder gefährdet.

Nun beginnt das Warten auf ein weiteres Kind! Ganz locker versuche ich zu sein, doch die monatliche Blutung macht mich jedes Mal traurig.

Zum ersten Mal muss mein Mann auf eine Geschäftsreise für drei Tage. Zwei Nächte lang ist er außer Haus. Diese längere Trennung macht mir sehr zu schaffen. Ich habe Angst, es könnte ihm etwas zustoßen und ich würde nochmals einen geliebten Menschen verlieren. Eine Nacht verbringt eine Freundin bei mir, und den anderen Abend habe ich mir Besuch organisiert.

Am Dreikönigstag wird mein Patenkind geboren: ein kleines Königskind. Ich muss alle meine Kraft zusammennehmen, ins Krankenhaus gehen, die Wochenstation aufsuchen, an eine Tür klopfen und dieses kleine Wesen begrüßen. Zum Glück haben wir ein zehnjähriges Mädchen zu Besuch, das sich natürlich ein Baby nicht entgehen lassen will. So kann ich mein Patenkind dem Mädchen in die Arme drücken und ihm kurz über den Kopf streicheln. Zu Hause bin ich erschöpft.

Schwangere Bäuche zu sehen, kann ich ertragen, denn irgendwo in meinem Inneren weiß ich, dass ich wieder einmal ein Kind in mir tragen werde. Doch Kinderwagen, Kinderweinen, schimpfende Eltern lassen die ganze Ungerechtigkeit des Lebens in mir aufkommen. Ich könnte laut schreien.

Dauernd fühle ich mich erschöpft. Ich schlafe in den Nächten immer noch kaum, und sämtliche Energie wird von meiner Arbeitsstelle gefordert. Ich entschließe mich, für alle Seiten etwas zu unternehmen, und beantrage ein Jobsharing, damit ich mehr Zeit für mich und unsere Beziehung habe. Mein Vorschlag wird abgelehnt. Ohne lange nachzudenken, schreibe ich meine Kündigung. Irgendwie überlebe ich die nächsten drei Monate.

Nach dem letzten Arbeitstag unternehmen wir eine Reise nach Paris. Da ich Verwandte in Paris habe, wollte ich meinem Mann schon immer »mein Paris« zeigen. Es ist das erste Ausbrechen aus unserem Trauerschleier.

Der erste Todestag von Philippe wühlt stark auf. Das Philippelicht leuchtet ständig und zeigt uns, dass er da ist. Da ich den Tag allein verbringe, radle ich wie eine Besessene nach Neuenburg und fast zurück. Todmüde sinke ich am Abend in mein Bett, und eng umschlungen schlafen mein Mann und ich weinend irgendwann ein.

Unendlich enttäuscht bin ich jedes Mal wieder, wenn meine monatliche Blutung eintrifft. Ich fühle mich als Frau so unfähig, fühle mich als Frau, die dem geliebten Mann kein Kind schenken kann. Dieser Körper lässt mich so im Stich! Aber vielleicht bin ich in einem Monat schwanger. Wenn ich aber nie mehr schwanger werde? Wie lange soll ich nicht mehr arbeiten? Ich kann doch nicht immer warten.

Eine Anfrage beruhigt mich: Ein Altersheim sucht eine Stellvertretung für eine Schwangerschaftsabwesenheit. Dankbar sage ich zu. Dies ist genau das Richtige. Ich habe mir immer schon eine Arbeit in einem kleineren Betrieb näher am Kunden gewünscht.

Schon jahrelang haben wir uns mit einem Hauskauf auseinander gesetzt. Und plötzlich nach Hunderten von durchdachten Objekten bekommen wir den Zuschlag für unser Traumhaus. Ein Haus, das ich bei der Besichtigung nicht mal richtig zu betrachten wagte, soll unser neues Zuhause sein! Juhu! Ich fühle mich zum ersten Mal wieder glücklich. Ein materielles Glück mit zwei Kinderzimmern? Was soll es? Ich nehme das Glück und genieße die Taten, die gefordert sind. Innerhalb von zwei Wochen sind wir Hausbesitzer. Ich koordiniere die Handwerker, führe Gespräche mit Banken, organisiere Gelder und Versicherungen und erledige die ersten Gartenarbeiten. Nur das Umräumen der Wickelkommode mit den gebrauchten Kinderkleidern gibt mir einen Stich ins Herz.

Nach der Übergabe unserer alten Wohnung beginne ich mit der Arbeit im Altersheim. Die Kontakte mit älteren Menschen geben mir einen neuen Inhalt. Ich fühle mich wieder pudelwohl in meinem Beruf.

Und da, kurz nach Weihnachten: Meine Monatsblutung bleibt aus. Ist das zu glauben? Ich bin schwanger! Genau wie bei Philippe: Zwei Jahre später zum gleichen Zeitpunkt beginnt dieses Kind in mir zu wachsen. Wir können unser Glück kaum fassen. Ab und zu regen uns kleinere Blutungen auf. Doch jedes Mal kann mich meine Ärztin beruhigen. Mein Mann begleitet mich zu den Kontrollen. Wir sind in höchster Anspannung: Ultraschalluntersuchungen, Gerät einschalten, notwendige Zeit zum Aufstarten, Gel auf den Bauch und auf das Messgerät, tief durchatmen, das Erkennen von Gewebe, ah, hier liegt das Kind, das Herz schlägt, Aufatmen, und ich kann alles ruhiger nehmen, die Kommentare plätschern an mir vorbei. Ich freue mich über dieses schlagende Herz.

Mit dem Wechsel der Jahreszeit kommen immer stärkere Ängste in mir hoch. Doch da sind plötzlich solche feinen Bewegungen in meinem Bauch – hallo, kleines Kind, mach dich nur bemerkbar!

Den zweiten Todestag von Philippe erleben wir auf der Rückreise von unseren Ferien. Die Stimmung ist gedrückt. Warum bin ich nur so traurig? Ein neues Kind darf in mir wachsen. Philippe: Ich werde dich immer in meinem Herzen tragen!

Da wir uns bei der Todgeburt von einer Hebamme sehr getragen fühlten und diese Frau nur noch ambulante Geburten anbietet, entscheiden wir uns schließlich für diese Art von Wochenbett. Nun muss ich mich wieder neu mit dem Krankenhaus und dem Geburtszimmer auseinander setzen. Der Gedanke, im selben Zimmer ein Kind tot und ein weiteres lebendig zu gebären, wühlt mich auf.

Der Geburtstermin ist da. Meine Spannung steigt. Doch ich kann einfach nicht loslassen, die Todgeburt blockiert irgendwo. Nach vier Tagen weckt die Hebamme mit Schütteln das Kind. In dieser Nacht kommt unsere Tochter zur Welt. Unendlich dankbar nehmen wir dieses Kind in die Arme. Während der Geburt war ich so mit mir und dem Kind beschäftigt, dass die alten Erinnerungen nicht hochkamen.

Von Anfang an spüre ich, dass dieses Kind kräftig ist und ich mir keine Sorgen zu machen brauche. Doch sechs Tage nach der Geburt ist der errechnete Geburtstermin von Philippe. Meine Tochter trinkt an meiner Brust, ich blicke vom Schlafzimmer in den farbigen Herbstwald, und die Tränen rinnen über meine Wangen, Philippe ist uns ganz nah. Mein Mann zündet das Philippelicht an, und wir trauern gemeinsam.

Beschäftigt mit einem Säugling, werde ich zehn Monate nach der Geburt wieder schwanger. Wieder kehren die Ängste zurück, die ersten Schwangerschaftswochen ziehen sich endlos dahin. Mein Mann begleitet mich jedes Mal zu den Schwangerschaftskontrollen. Er ist für mich eine große Stütze. Die Ultraschalluntersuchungen bedeuten für mich eine einzige Berg- und Talfahrt der Gefühle. Doch im Frühling dürfen wir einen Sohn in die Arme nehmen. Im Wochenbett mit dem dreiwöchigen Säugling im Arm jährt sich erneut der Todestag von Philippe. Vor vier Jahren kamst du zu uns auf die Welt!

Eine einfache Frage wird für mich ein Leben lang einen bitteren Beigeschmack haben: »Wie viele Kinder hast du?« Immer werde ich dir antworten: »Wir haben drei Kinder, unser erstes Kind ist in der 22. Schwangerschaftswoche gestorben.« Diese Antwort kann ich schon routiniert formulieren; sie schmerzt mich aber jedes Mal.

Nun stehen wir vor einem weiteren Todestag. Unser Philippelicht wird an diesem Abend brennen. Er wird bei uns sein. Bewusst genieße ich unsere zwei so lebendigen Kinder, nehme sie fest in den Arm, spüre ihre schlagenden Herzen und drücke sie an mich.

*Kathrin Meyer-Trautwein, Bern, CH*

## *Bevor wir dich kennenlernen durften …*

Diagnose: IUFT. Dieses Wort hatte ich bisher noch nicht gekannt. Doch jetzt steht es in meinem Mutterpass geschrieben. Intrauteriner Fruchttod. Unser Kind ist tot. Ich bin in der 26. Woche schwanger.

Wie sehr hatte ich mich auf unser Kind gefreut. Doch jetzt ist es aus. Vorbei. Unser fünftes Kind werde ich nie im Arm halten können. Dabei hatte alles so normal angefangen …

Die erste Vorsorgeuntersuchung. »Alles in Ordnung!«, teilt mir der Frauenarzt mit. Ich spüre unser Kind schon strampeln. Mehr und mehr baue ich eine Beziehung zu ihm auf.

Die nächste Vorsorgeuntersuchung steht an. Ich bin inzwischen in der 22. Schwangerschaftswoche. Auf dem Bildschirm des Ultraschallgeräts sehe ich den Körper unseres Kindes. Alles scheint normal zu sein. Doch dann stellt der Arzt eine Retardierung fest – unser Kind ist zu klein für sein Alter. Zur genaueren Untersuchung überweist mich der Arzt an eine Spezialistin.

Ich sitze im Wartezimmer. Mir gegenüber eine Frau in schwarzer Kleidung. Sie hat ein verweintes Gesicht. Ich frage mich, ob sie ihr Kind verloren hat. Vor meinem geistigen Auge taucht ein Bibelvers auf. Ich habe ihn kurze Zeit vorher gelesen, als ich von den Unstimmigkeiten im Kindswachstum erfahren habe. *Das geknickte Rohr wird er nicht zerbrechen, und den glimmenden Docht wird er nicht auslöschen* (Jesaja 42, 3). Ich halte mich an dieser Zusage fest – Gott wird unser Kind durchbringen, auch wenn sein Leben an einem seidenen Faden hängt.

Dennoch bin ich bei der nachfolgenden Untersuchung innerlich angespannt. Die Ärztin kann nichts Genaueres feststellen, bereitet mich aber darauf vor, dass unser Kind wahrscheinlich eine

Erbkrankheit hat und nicht lebensfähig sein wird. Es würde nach der Entbindung sterben. Innerlich gelähmt gehe ich aus der Tür hinaus. Über mein Gesicht laufen Tränen. Unser Kind nicht lebensfähig – ich versuche, mir vorzustellen, wie es sein wird: In dem Moment, in dem ich von unserem Kind entbunden werde und es in sein eigenes Leben entlassen will, wird es sterben. Anstelle des Lebens werde ich ihm den Tod schenken! Ich habe Angst. Trotzdem kann oder will ich nicht glauben, dass alles so kommen wird.

Es folgt eine Reihe von Untersuchungen – Fruchtwasserpunktion, Ultraschall usw. Der erste Verdacht auf eine Erbkrankheit bestätigt sich nicht.

In uns keimt Hoffnung auf. Dennoch bin ich weiter angespannt. Ich will es nicht wahrhaben, dass unser Kind vielleicht sterben wird. In manchen Stunden bin ich voller Zuversicht, denke, es wird alles gut. Ich halte mich an Gottes Zusage fest. Doch in anderen Augenblicken kommt das Menschliche durch: Angst, Mutlosigkeit, Verzweiflung. Ich breche fast unter der Last zusammen.

Eine Untersuchung im Krankenhaus, in einer Universitätsklinik, steht an. Der Arzt ist sehr direkt. Er macht mir wenig Hoffnung, dass unser Kind die nächsten Wochen überleben wird. Es wird nicht richtig versorgt. Deshalb das schlechte Wachstum. Es ist eine Frage der Zeit, bis unser Kind verhungern wird.

Inzwischen wissen wir, dass unser Kind ein Mädchen ist. Ich nenne es für mich Leesha. Ich spreche viel mit unserem Kind, sage Leesha im Stillen, dass sie uns jetzt nicht im Stich lassen soll, dass wir sie brauchen. Zwischendurch bekomme ich Wut auf unsere jüngste, schon lebende Tochter. Ich kann nicht begreifen, warum sie leben darf und mein Kind im Bauch nicht. Mich erschrecken diese Gefühlsausbrüche. Und doch sind sie da. Ich weiß, dass sie nichts dafür kann, dass es Leesha so schlecht geht.

Wieder steht eine Untersuchung in der Uniklinik an. Im Warteraum neben mir sitzen zwei schwangere Frauen. Sie unterhalten sich über ihre ungeborenen Kinder. Die eine Frau beklagt sich, dass ihr Kind im Winter zur Welt kommen wird, obwohl sie das nie wollte. Die andere »beschwert« sich über das Geschlecht. Ich werde innerlich ganz traurig: Ich bange um das Leben unseres Kindes, weiß nicht, ob es überleben wird – und da werden Nebensächlichkeiten zum Problem. Mir wird bewusst, wie selbstverständlich oft alles hingenommen wird. Gleichzeitig hinterfrage ich mich selbst: »War es für dich bisher nicht auch selbstverständlich, dass alles glatt geht?!« Ich denke darüber nach, was ich schon alles für das Leben mit Leesha vorbereitet habe: Ein neuer Flaschenwärmer steht bereits zu Hause im Schrank, Karotten sind schon eingekocht, und auch eine neue Baby-Badewanne haben wir besorgt. Es war für mich normal, dass alle vier Schwangerschaften ohne Probleme verlaufen sind. Erst jetzt, wo es Probleme und Komplikationen gibt, erkenne ich schmerzlich, dass es auch anders kommen kann.

Ich realisiere, dass die anderen Schwangerschaften ein Geschenk waren. Ein Geschenk, das ich als selbstverständlich hingenommen habe. Der Dank an Gott war da. Aber nur »pro forma« … ohne wirklich mit einem anderen Verlauf gerechnet zu haben.

Ich bin innerlich wachgerüttelt, merke, dass es Gnade ist, wenn eine Frau ein gesundes Kind zur Welt bringen darf. Die Erfahrung lenkt meinen Blick neu auf Gott. Sie holt mich aus meiner Selbstverständlichkeit heraus.

Meine Gedanken werden unterbrochen. Ich werde zur Ultraschalluntersuchung aufgerufen. Man sagt mir mehr oder weniger deutlich, dass mein Kind in den nächsten Tagen sterben wird. Ich will es weiterhin nicht wahrhaben. Was ist mit der Zusage aus Jesaja? Ich frage mich, ob der Wunsch der Vater dieses Gedankens war, als ich den Bibelvers gelesen habe. Und doch habe ich die Gewissheit, dass Gott die Sache in seiner Hand hält und ich nicht dem Zufall ausgeliefert bin.

In den nächsten Tagen bewegt sich Leesha kaum noch. Die Energie, die sie noch hat, steckt sie in die Aufrechterhaltung ihrer Herzfunktion.

Es macht mir sehr zu schaffen, dass ich Leesha nicht helfen kann. Ich muss hilflos mit ansehen, wie sie in mir drinnen verhungert.

Einige Tage später. Wie schon so oft in den letzten Wochen fahre ich zum Arzt. Inzwischen bin ich in der 26. Schwangerschaftswoche. Seit drei Tagen ist mir ständig übel. Der Arzt macht eine Ultraschalluntersuchung. Auf dem Bildschirm sehe ich unser Kind. Alles sieht gleich aus, aber eines ist anders: Das Herz schlägt nicht mehr. Ich drehe mich zum Arzt um, schaue in sein Gesicht. Er sieht ernst aus, blickt angespannt auf den Bildschirm. Schweigen im Raum. Irgendwann durchbreche ich es, sage leise: »Stimmt es, da tut sich nichts mehr?« Er antwortet mitfühlend: »Ich glaube nicht, dass es noch lebt.« Mir laufen Tränen übers Gesicht. Aus und vorbei. Leesha ist tot.

Wir wechseln das Zimmer. In den Mutterpass trägt der Arzt die Buchstaben IUFT ein und macht einen dicken Strich unter die Eintragungen im Pass. Schluss. Die Schwangerschaft ist hier beendet. Es gibt nichts mehr einzutragen. Doch für mich ist noch gar nichts zu Ende. Es ist höchstens der Beginn eines langen Prozesses der Trauer und Schmerzverarbeitung.

Mein Arzt erklärt mir die nun anstehenden Schritte. Er macht das in einer sehr einfühlsamen Weise. Das tut mir gut.

Ich werde unser Kind auf normalem Weg auf die Welt bringen müssen. Ein Kaiserschnitt ist mit zu vielen Gefahren verbunden. Man müsse an die vier schon lebenden Kinder denken. Sie bräuchten ihre Mutter noch, und so sei der ungefährlichste Weg zu wählen. Den Zeitpunkt für die künstlich eingeleitete Entbindung stellt mir der Arzt frei.

Äußerlich höre ich ihm zu. Doch in Gedanken bin ich woanders. In mir drinnen hämmern immer wieder die Worte: »Unser Kind ist tot.«

Ich habe nur einen Wunsch: raus, allein sein und weinen. Vor dem Arzt will ich meine Gefühle nicht zeigen. Ich reagiere gefasst, wenngleich ich die Tränen nur sehr schwer zurückhalten kann.

Als ich wenig später allein im Auto bin, brechen die Gefühle aus mir heraus. Mein Kind ist tot! Warum darf es nicht leben? Warum hat Gott nicht geholfen? Ich kann sein Handeln nicht verstehen. Dennoch fühle ich keine Aggressionen gegen ihn.

Irgendwo in meinem Verstand weiß ich, dass es einen Sinn hat. Doch menschlich und gefühlsmäßig gesehen, bin ich am Boden.

Als ich nach Hause komme, kommt mir mein Mann Georg entgegen. Er sieht mein verweintes Gesicht, fragt ängstlich und vorsichtig, was los sei. »Unser Kind ist tot«, sage ich leise. Er nimmt mich in den Arm und hält mich fest. Ich weine mir meinen Schmerz von der Seele. Keine Worte. Es tut gut, einfach schweigend dazustehen und den Gefühlen freien Lauf zu lassen.

Mit der Entbindung will ich noch ein paar Tage warten. Ich möchte unser Kind noch bei mir haben, wenngleich es ein seltsames Gefühl ist, ein totes Kind in sich zu tragen. Aber in meinen Gedanken lebt Leesha noch. In meinem Inneren vermischen sich Vergangenheit und Realität, Leben und Tod. Ich rede weiterhin mit Leesha, erzähle ihr von meinem Schmerz, meinen Ängsten und Sorgen. Für mich scheint alles wie vorher zu sein. Noch immer begreife ich nicht, was eigentlich los ist. Es bleibt mir auch kaum Zeit, meine Gedanken zu ordnen. Zu viel muss jetzt organisiert werden.

Vor dem vereinbarten Entbindungstermin muss ich noch zu verschiedenen Untersuchungen ins Krankenhaus.

Wieder sitze ich im Warteraum für die Ultraschallpatienten. Um mich herum schwangere Frauen. Mir fällt es schwer, meine Tränen zu unterdrücken. Der Anblick der Frauen bereitet mir seelische Schmerzen. Der Aufruf ins Untersuchungszimmer ist für mich eine Erlösung. Das Ultraschallgerät gleitet über meinen Bauch. Wieder erscheint der Körper unseres Kindes auf dem Bildschirm. Keine Bewegungen. Kein Herzschlag. Es ist eine knallharte Konfrontation mit der Wirklichkeit. Meine Augen sehen das, was mein Kopf schon lange weiß. Sie zeigen mir: Dein Kind ist tot.

Ich bin froh, als die Untersuchung abgeschlossen ist und das Bild unseres toten Kindes vom Monitor verschwindet.

Mein nächster Gang führt mich in den Kreißsaal. Wie oft schon bin ich diesen Weg gegangen? Die letzten Male bedeutete das, die letzte Hürde der Schwangerschaft zu bewältigen und das Kind in Empfang zu nehmen. Nie hätte ich gedacht, dass ich diesen Weg einmal mit einem toten Kind unter dem Herzen gehen müsste.

Der Arzt und die Hebamme sprechen mit mir die Entbindung durch. Sie weisen mich auch auf verschiedene Möglichkeiten der Bestattung unserer Tochter hin. Auf der Informationsbroschüre ist ein Grabstein zu sehen. Er trägt die Aufschrift: »Ruhestätte für Kinder, die zu klein oder zu krank waren, um zu leben!«

Der Anblick des Grabsteins treibt mir Tränen in die Augen. Mehr und mehr wird mir bewusst, wie real Leeshas Tod ist. In Gedanken sehe ich ihren toten Körper vor mir. Jetzt fällt es mir schwer, die Fassung zu behalten. Ich bin froh, als ich die Untersuchungen hinter mir habe und wieder allein bin. Meinen Kindern gegenüber reagiere ich gereizt. Ich will meine Ruhe haben und in meinen Gedanken allein mit Leesha sein.

Dann kommt der Tag der Einlieferung ins Krankenhaus. Ich bin dankbar, dass man mich auf die gynäkologische Station legt und nicht zu den Frauen im Wochenbett. Die Schwestern reagieren einfühlsam, stellen keine Fragen. Sie sind von meiner Vorgeschichte unterrichtet.

Im nachfolgenden Behandlungsverlauf bekomme ich ein Zäpfchen, dessen Wirkstoff die Geburt einleiten soll. Die Wehen stellen sich nicht ein. Mein Mann und ich vereinbaren, dass er nach Hause zu den Kindern geht. Ich verspreche, ihn zu verständigen, sobald die Wehen einsetzen.

Man bereitet uns darauf vor, dass es bis zu fünf Tage dauern kann, bis die Entbindung über die Bühne gegangen ist. Ich habe Angst; spüre schon jetzt, dass ich das psychisch nicht durchhalten kann!

Nach sechs Stunden bekomme ich ein weiteres Zäpfchen. Noch immer setzen die Wehen nicht ein. Ich bin innerlich stark angespannt, will alles so schnell wie möglich hinter mich bringen. Man verabreicht mir ein stärkeres Mittel. Nach einer Stunde habe ich Wehen im Abstand von fünf Minuten. Ich werde mit meinem Bett in den Kreißsaal gefahren. Mir wird eine nur für mich zuständige Hebamme zugeteilt. Die Wehen werden immer stärker. Es ist mitten in der Nacht. Ich frage nach meinem Mann, bitte die Hebamme, ihn zu verständigen. Doch man möchte ihn noch nicht holen. Man rechnet damit, dass es bis zum Einsetzen der Geburt noch länger dauert.

Die Schmerzen werden stärker. Ich klage Leesha an: »Du machst es dir einfach. Du bist bei Gott und hast es gut. Und mich lässt du allein in den Schmerzen zurück.« Man verabreicht mir ein Schmerzmittel. Es schlägt nicht an. Meinen Mann will man immer noch nicht verständigen. Die Hebamme unterschätzt die Lage und nimmt meine Aussagen nicht ernst genug. Schließlich setzt die Geburt ein. Die Ärztin und die Hebamme sind überrascht. Mein Mann wird gerufen. Ich werde in den Kreißsaal gefahren. Mit dem Legen der PDA klappt es nicht ... es geht alles zu schnell. Ich werde ohne Betäubung entbinden müssen. Die Presswehen setzen ein. Mein Mann ist noch nicht da. Die Entfernung ist zu groß, als dass er es in der kurzen Zeit schaffen könnte. Ich will nicht ohne ihn entbinden, weigere mich zu pressen. Die Hebamme erkennt meine innere Blockade und hat Verständnis. Dann steht mein Mann in der Tür. Ich bin erleichtert. Die Presswehen kommen wieder. Ich habe starke Schmerzen. Innerlich bin ich verzweifelt: »Warum muss ich das alles ertragen, wenn ich nachher doch kein Kind haben werde? Wofür das alles?« Ich will nicht mehr, klage Gott immer wieder an: »Warum lässt du mich das durchleben?« Doch jetzt presse ich. Ich spüre, wie Leeshas Körper nach außen dringt. Alles ist wie bei einer normalen Geburt. Noch eine Presswehe, und dann ist sie da. Der körperliche Schmerz lässt nach, doch der seelische Schmerz flammt immer mehr auf. Im Kreißsaal ist es still. Kein Schreien ist zu hören. Leesha ist tot!

Bei den früheren Geburten war jetzt immer der Zeitpunkt, an

dem man uns gratulierte und mir das Kind auf die Brust legte. Stattdessen höre ich jetzt die Frage der Hebamme, ob wir unsere tote Tochter sehen wollen. In den Vorgesprächen hatte man uns dazu ermutigt, unser totes Kind anzusehen. Wir könnten so besser Abschied nehmen. Wir entschließen uns, Leesha anzuschauen. Ich habe Angst, frage mich, wie ich den Anblick verkraften werde. Dann sehe ich Leeshas Körper. Sie liegt da. Arme und Beine von sich gestreckt. Ich fühle mich hilflos, bin verzweifelt. Wieder steigt die Frage in mir hoch, warum ich ihr nicht helfen konnte. Ich fühle mich als Versager: Ich habe mein Kind nicht beschützen können; hilflos war es dem Tod ausgeliefert!

Schweigend schauen mein Mann und ich auf Leesha. Das Herz tut weh. Und doch ist es gut, sie zu sehen. Dadurch realisiere ich: Es ist vorbei. Ich werde mit dem konfrontiert, was ich die ganze Zeit nicht wahrhaben wollte. Meine Augen sehen es: Leesha ist tot. Mit dem Sehen des leblosen Körpers wird der Tod greifbar, real. Mein Verstand begreift, was los ist. Doch meine Seele ist von diesem Begreifen noch weit entfernt. Meine Seele weint.

Man lässt uns Zeit, Leesha anzuschauen und Abschied zu nehmen. Irgendwann signalisieren wir, dass man Leesha wegbringen darf. Wir sind bereit, ihren Körper loszulassen.

Da wir uns entschlossen haben, Leesha beerdigen zu lassen, wird sie weggebracht und in ein Kästchen gelegt. Die Hebamme fertigt für uns eine Faltkarte an, in der Name, Gewicht und Größe des Kindes aufgeschrieben sind. Auch ein Namensbändchen liegt bei. Ich muss weinen. Dieses Bändchen wäre normalerweise um Leeshas Arm gebunden worden. Wieder drängt sich die Realität in meinen Traum, in meine Wunschwelt, hinein. Leesha lebt nicht mehr.

In den nächsten Stunden habe ich enorme psychische Probleme damit, dass mein Körper sich wie nach einer normalen Geburt verhält. Er ist auf »Leben« programmiert und ignoriert die Tatsache des Todes. Ich verspüre Nachwehen, die Milch schießt ein. Zwar bekomme ich Abstilltabletten, doch die wirken nur langsam. Es besteht die Gefahr eines Milchstaus. Ich fühle mich elend. Die Milch ist da, doch das Kind, für das sie gedacht war, ist tot. Ich denke daran, dass Leesha zu wenig Nahrung bekommen hat. Jetzt wäre genug für sie da!

Damit sich die Gebärmutter zurückbildet, muss ich Tabletten nehmen. Bisher stellte sich die Rückbildung durch das Stillen immer von allein ein. Jedes Mal, wenn ich die Tabletten schlucke, fühle ich mich als Verräterin: Das, was Leesha durch ihr Saugen bewirkt hätte, ersetze ich nun durch Tabletten. In mir drinnen sträubt sich alles. Mir drängt sich die Frage auf: »Ist Leesha für mich ersetzbar?«

Einen Tag nach der Entbindung darf ich nach Hause. Für meine engsten Freunde und Verwandten schreibe ich die folgenden Zeilen nieder:

*Leesha*

*Bevor wir dich kennen lernen durften,*
*bist du schon wieder von uns gegangen …*

Da es mir schwer fällt, so über meine Empfindungen zu reden, versuche ich jetzt, meine Gedanken zu Papier zu bringen.

Ich fange mit einem Artikel an, den ich in einer Zeitschrift gefunden habe:

*Brief an mein Kind*
*Jetzt ist alles vorbei. Kein Kind mehr in mir. Die Angst und die Unsicherheit der letzten Tage sind gewichen. Nur der Schmerz bleibt: der körperliche Schmerz im Bauch; die Lücke, die du einst ausgefüllt hast – und der Seelenschmerz.*

*Mein Kopf will erklären; meine Seele weint. Du bist tot. Immer wieder fließen Tränen.*

*Auch wenn mein Körper schon bald den alten Zustand wiedererlangt, ist meine Seele noch bei der Zeit, als du noch warst. Meine Seele ist noch nicht im Jetzt angekommen, hat noch ein Kind – und wird dich immer als Kind haben, auch wenn du dann vielleicht im Zimmer der Erinnerung wohnst.*

*Das Leben geht weiter; die Zeit läuft unaufhörlich – doch in meiner Seele steht sie still.*

(Nach: Sabine Herold, »Geburt ohne Kind«; Zeitschrift Lydia; 4/2004)

Ich erlebe es gerade ziemlich so, wie es in den Zeilen da oben beschrieben wird. Auf der einen Seite ist mein Kopf, der versucht, umzuschalten und weiterzugehen, der alles nüchtern sieht und weiß, dass das Leben weitergehen muss und auch weitergehen wird. Ich weiß, dass alles Weinen nichts hilft und wir Leesha nicht zurückholen können. Und ich weiß auch, dass sie jetzt gut aufgehoben ist … besser, als ich sie je hätte versorgen können.

Auf der anderen Seite ist aber meine Seele, die dem allen meilenweit hinterherhinkt.

Sie ist noch nicht im Jetzt angekommen. Für mich war und ist Leesha einfach schon Realität gewesen. Von dem Tag an, als ich wusste, dass ich schwanger bin, habe ich mich mit ihr auseinander gesetzt und beschäftigt. Sie war in meinem Leben – in meinen Gedanken, Gefühlen und Vorstellungen – schon Realität, und jetzt muss ich lernen, nur in meiner Erinnerung mit ihr leben zu dürfen. Von außen sieht das alles viel einfacher aus (so habe ich zumindest schnell gedacht, bevor ich selbst in diese Situation gekommen bin): Ich bin ja noch jung und kann wieder schwanger werden … Aber für mich ist das kein echter Trost. Selbst wenn ich wieder schwanger werde, bekomme ich Leesha dadurch nicht zurück. Die Lücke bleibt und kann nicht ausgefüllt werden.

Ich werde lernen, damit zu leben, und merke auch jetzt schon, dass die Zeit Wunden heilt, aber ich muss mir auch gleichzeitig Zeit dazu lassen, die Trauer zu verarbeiten.

Manchmal überrollt mich der Schmerz unangemeldet, stürmisch, knallhart.

Gestern Morgen zum Beispiel habe ich in der Gefriertruhe die Karottengläschen entdeckt, die ich für unsere Kleine gekocht hatte, oder ich sehe beim Wegräumen meiner Kleider den Flaschenwärmer, den wir uns neu angeschafft haben. Dann gehen die Gefühle schnell mit mir durch.

Insgesamt glaube ich aber, die Situation im Griff zu haben. Und ich weiß auch und kann es so für mich annehmen, dass Gott alles unter Kontrolle hat und ich nicht dem Zufall ausgeliefert bin. Auch wenn ich es vielleicht nie begreifen werde, aber das Vertrauen und die Ruhe sind da. Georg hat sehr viel Verständnis und Feingefühl; er ist mir eine große Stütze.

Was ich jetzt brauche, ist einfach Zeit. Zeit, meine Seele ankommen zu lassen. Das ist ein ganz normaler Prozess. Ich werde noch lange nicht sagen können, dass es mir gut geht. Aber nicht deshalb, weil ich im Selbstmitleid hänge oder Mitleid erzeugen will, sondern, um damit zu signalisieren, dass ich noch dabei bin, das Geschehene zu verarbeiten. Das ist dann einfach eine nüchterne Feststellung, mit der ich nichts bewirken will.

In den Worten »Bevor wir dich kennenlernen durften …« spiegeln sich Enttäuschung, Leid und Schmerz wider.

*… bevor, bevor, bevor. Alles bleibt Erinnerung und muss in der Welt der Vorstellungskraft leben.*

Meine Seele versucht immer wieder, die Ereignisse zu verarbeiten.

Äußerlich, im Alltag, muss es weitergehen. Mein Mann und ich müssen uns Gedanken über die Bestattung machen. Wir entschließen uns, Leesha in ein eigenes Grab zu legen. So haben wir eine sichtbare Anlaufstelle. Außerdem können unsere Kinder das Grab so selbst mitgestalten.

Die kommenden Tage sind von den unterschiedlichsten Eindrücken geprägt.

Meine innere Verfassung gleicht einem Wechselbad der Gefühle. Manchmal ist es so, dass ich gefasst bin, dann wieder überfällt mich der Schmerz. Unvermittelt muss ich aus einer inneren Verzweiflung heraus plötzlich losweinen.

Dann wieder sind es äußere Begebenheiten, die mich aus der Bahn werfen und Schmerz in mir auslösen.

Mir kommen verschiedene Äußerungen in den Sinn. Teilweise werden sie direkt in meiner Gegenwart ausgesprochen, teilweise habe ich die Denkweise in meinem Gegenüber wahrgenommen. »Du bist ja noch jung und kannst wieder ein Kind bekommen«, »Du hast ja schon vier Kinder (... da ist der Verlust des fünften ja nicht so dramatisch)« usw.

Mir wird schmerzlich bewusst: Mein Kind wird als Mensch nicht ernst genommen. Ob es lebt oder tot ist, fällt nicht weiter ins Gewicht. Zum ersten Mal verliere ich die Fassung. Ich schreie meinen Schmerz heraus: »Es ist egal, ob unser Kind gestorben ist oder nicht; es hätte sowieso nicht da sein sollen. Und außerdem kann ich wieder schwanger werden und Leesha ersetzen ...« In mir drinnen prallen zwei Welten aufeinander: Leesha in meiner Welt – schon voll existent, sehnsüchtig erwartet, einmalig, unersetzbar. Leesha in der Welt von Außenstehenden – sowieso nicht lebend geboren, überflüssig, ersetzbar. Ich breche innerlich und äußerlich zusammen. Eine große Hilfe sind mir in dieser Zeit Menschen, die mich in meinem Leid ernst nehmen, die Leesha als Mensch akzeptieren und den Verlust nicht herunterspielen. Zu meiden versuche ich dagegen Leute, die das Gegenteil tun – die Leesha als Mensch nicht akzeptieren, sie als ersetzbar hinstellen und ihren Verlust herunterspielen.

Bei Gott kann ich mich ausweinen. Ich weiß, dass er mich versteht. Ich kann so kommen, wie ich bin – ohne Maske, ohne stark sein zu müssen, ohne Erklärungen abgeben zu brauchen. Mir hilft es zu wissen, dass er hinter den Kulissen Regie führt. Ich weiß, dass ich nicht dem Zufall ausgeliefert bin. Auch der Tod von Leesha hat seinen gewollten Platz in meinem Leben.

Meine Schwester schreibt mir in einem Brief folgende Zeilen:

»Das Leben ist wie ein Teppich, bei dem wir nur die Rückseite mit allen verworrenen Fäden sehen. Allein Gott kennt die Vorderseite und das fertige Bild in all seiner Klarheit.«

Ich weiß: In Gottes Augen hat alles seinen Sinn. Dennoch kann ich sein Handeln in diesem Moment nicht verstehen. Es ist ein Kampf zwischen »Vertrauen-Können«, weil ich weiß, dass Gott es gut meint, und »Traurig-Sein«, weil das Akzeptieren von Gottes Willen für meine weinende Seele so schwer ist. Im Rückblick werde ich alles verstehen können… aber gleichzeitig ist die harte Realität da, dass ich mein Leben vorwärts leben muss. Und das ist oft schwer.

Ich weiß auch, dass Leesha bei Gott ist. Sie ist dort gut aufgehoben. Oft frage ich mich, wie es sein wird, wenn ich sie wieder sehen werde. Wie wird sie aussehen? Wie wird es sein, wenn der Tod nicht mehr trennend zwischen uns steht?

Ich kann es mir nicht vorstellen. Ich weiß nur, dass ich dann ganz viel Zeit mit Leesha verbringen werde.

Oft gehe ich an Leeshas Grab. Es ist gut, eine Anlaufstelle zu haben, einen sichtbaren Ort des gedanklichen Zusammenseins. In Gedanken spreche ich oft mit ihr.

Einmal komme ich ans Grab und sehe: Die Blumen des Sarggestecks fangen an zu welken. Damals habe ich folgende Zeilen in mein Tagebuch geschrieben: »Liebe Leesha. Am Samstag bin ich an deinem Grab gewesen und habe das Grabgesteck abgeräumt. Die Blumen waren ganz verwelkt. Um die Blumen hat es mir nicht Leid getan, mit denen kann ich sowieso nicht viel anfangen. Aber was mir zu schaffen gemacht hat, war der Anblick der Verweslichkeit, der sich in den Blumen widergespiegelt hat. Die Blumen sind braun geworden, in sich zerfallen. Ich habe mir überlegt, wie es um deinen Körper steht – ob er auch schon dabei ist, kaputtzugehen? Du fragst dich sicher, warum ich mir solche Gedanken mache. Da, wo du jetzt bist, brauchst du deinen alten Körper nicht mehr. Du hast einen neuen von Gott bekommen. Aber weißt du – ich bin nun mal noch hier unten und denke bezogen auf das Diesseits. Ich habe das Bild von dir vor Augen, als du im Kreißsaal lagst. Deine netten kleinen Finger und Füße, an denen alles dran war. Jedes kleine Glied … es sah so nett aus. Und das soll jetzt alles kaputtgehen! Mir tut es weh, wenn ich mir vorstelle, dass das jetzt alles zerfällt. Weißt du, an dir war alles dran … und jetzt geht es einfach so kaputt!«

Ein anderes Mal schreibe ich Folgendes in mein Tagebuch:

*»Hallo, Leesha! Heute sind Lena und ich an deinem Grab gewesen. Es hatte nur vier Grad Celsius und war eiskalt. Lena hatte eine rote Nase. Ansonsten war sie ganz warm eingepackt. Ich habe wieder an dich denken müssen, dass du jetzt da unten in der kalten Erde liegst. Ich weiß nicht mal, ob man dir eine Decke reingelegt hat. Ich denke halt weiter in meiner Diesseitsbezogenheit. Vielleicht lerne ich das bald anders zu sehen … aber jetzt kriege ich das grad noch nicht hin!«.*

Das Reden mit Leesha tut mir gut, auch wenn es Außenstehenden vielleicht lächerlich erscheint.

Für meine Umwelt rückt Leesha mehr und mehr ins Abseits. Sie ist im Denken der anderen nicht mehr präsent. Ich selbst lerne, den Verlust von Leesha immer mehr in meinen Alltag zu integrieren, sprich: mit dem Leid zu leben, ohne dass es mich blockiert. Ich verdränge nicht. Aber ich versuche, trotz allem zu leben und mich nicht vom Leid leben zu lassen.

Mein Hormonspiegel normalisiert sich langsam wieder. Alles nimmt äußerlich seinen gewohnten Lauf. Ich muss damit umgehen lernen, dass Leesha in meinem Leben keinen sichtbaren Platz haben darf: Ich werde es nie erleben dürfen, wie es ist, mit ihr spazieren zu gehen, sie im Arm zu halten, sie laufen zu sehen, mit ihr sprechen zu können … das alles darf nicht sein. Der sichtbare Bereich bleibt unbesetzt, aber in meinem Herzen lebt Leesha weiter und wird immer mein Kind bleiben!

In mir drinnen ist ein tiefer Schmerz. Ich leide um mein Kind und für mein Kind. Leeshas Lebenslauf war so kurz. Sie durfte diese Welt nie sehen, durfte ihre Geschwister nie kennen lernen. Alles, was ich ihr an Liebe zeigen konnte, beschränkte sich auf ihre Zeit bei mir im Mutterleib. Ich frage mich, was sie von dem allen mitbekommen, was sie gefühlt hat. Sicher hat sie meine Angst und die ganze Aufregung gespürt. Ob sie gefühlt hat, dass es mit ihr zu Ende geht?

All diese Fragen gehen mir durch den Kopf.

## *Und wie geht es weiter?*

Inzwischen sind einige Monate vergangen. Das Durchleben der Zeit nach Leeshas Tod hat sich als schwieriger erwiesen, als ich erwartet hatte. Entgegen meiner Erwartung bin ich doch immer wieder in »Löcher« gefallen, habe Phasen durchlebt, in denen ich nervlich abgebaut habe und innerlich zusammengebrochen bin. Ich hatte mir alles einfacher vorgestellt, dachte, es schneller im Griff zu haben.

Monate danach muss ich erkennen, dass es harte Arbeit ist und bleibt, den Tod eines Menschen zu verkraften und zu verarbeiten. Noch immer tut es weh, schwangere Frauen zu sehen und Geburtsanzeigen zu lesen. Noch immer bin ich nicht so weit, dass ich die Kraft habe, Leeshas Bild, das man von ihr gemacht hat, anzuschauen. Ich werde wohl ein Leben lang an Leeshas Tod zu knacken haben, wenngleich ich merke, dass die Zeit Wunden heilt. Es tut noch weh, aber es blockiert nicht mehr so wie am Anfang.

Vielleicht wäre es einfacher, wenn ich wieder schwanger werden würde. Dann würden meine Gefühle und Empfindungen, die sich im Hinblick auf die Geburt und das Leben mit unserem fünften Kind in mir aufgebaut haben, nicht mehr wie abgebrochen im Raum stehen. Dann könnte ich in der Welt leben, die ich während der Zeit der Schwangerschaft in mir drinnen aufgebaut habe.

Gleichzeitig ist da aber auch die Angst, Leesha ersetzen zu wollen und ihr untreu zu werden.

Ich weiß nicht, wie ich damit umgehen würde. Es ist alles schwer abzuschätzen. Aber eines weiß ich sicher: Leesha *ist* und *war* und *bleibt* Teil meines Lebens …

*Anonym. Der Name der Verfasserin ist der Herausgeberin bekannt und kann erfragt werden. Die Namen im Text sind geändert.*

# *Jonas, ein Gedanke Gottes*

*Setze kein Fragezeichen, wo Gott einen Punkt macht. Manchmal ist Gott das Verwunden wichtiger als das Wunder.*

Ja, es war für uns ein Wunder, als ich am Osterabend 2002 den Schwangerschaftstest machte und er tatsächlich positiv war. Ich saß auf dem WC, in der einen Hand den Joghurtbecher mit dem Urin, in der anderen Hand den Teststreifen, der anzeigte, dass ich guter Hoffnung war. Mein Herz raste vor Freude. Meine Hände zitterten. Ich hätte vor Glück zugleich weinen und lachen können. Zwei Jahre lang hatten mein Mann Ueli und ich auf diesen Augenblick gewartet. Wir hatten uns so sehr ein Geschwisterchen für unsere damals dreijährige Tochter Jeannine-Olivia gewünscht. Auch auf sie mussten wir drei Jahre lang warten. Doch dann wurde ich schwanger. Unser erstes Wunschkind kam im Dezember 1998 zur Welt. Zwar fünf Wochen zu früh, weil ich einen vorzeitigen Blasensprung hatte, doch Jeannine-Olivia war gesund und munter.

Der Wunsch nach zwei Kindern war bei uns von Anfang an da. Doch ich wurde wieder nicht einfach so schwanger. So versuchten wir es nochmals mit Hormonen. Bei unserer Tochter war ich nach zweimaligem künstlichen Auslösen des Eisprungs und nach geplantem Zusammenschlafen schwanger geworden. Aber nun wollte es auch nach der sechsten Behandlung nicht klappen. Wir brachen die Therapie ab und stellten uns auf eine dreiköpfige Familie ein.

Und wie es so oft passiert, wenn man sich anders orientiert und organisiert: Da geschah es doch, ich wurde einfach so schwanger. Es war für uns nicht selbstverständlich, und deshalb waren unsere Freude und unsere Dankbarkeit so groß.

Auch unsere Verwandten und Freunde freuten sich riesig mit uns. Was auch schön war: Ich war gleichzeitig mit zwei Schwägerinnen schwanger.

Die Schwangerschaft selbst verlief gut, abgesehen von sonstigen turbulenten oder traurigen Ereignissen. Zu Beginn der Schwangerschaft hatte mein Mann eine Herzbeutelentzündung. Er war bleich wie ein Leintuch und konnte nicht mehr richtig durchatmen. Ich brachte ihn mitten in der Nacht notfallmäßig ins Krankenhaus, wo ich Stunden der Angst durchlebte. Unser Kind im Bauch gab mir Mut und Kraft. Ich glaubte fest daran, dass Gott meinen Mann nicht zu sich nehmen würde. Aber gleichzeitig musste ich daran denken, wie nahe neues Leben und jäher Tod beieinander lagen. Es wendete sich alles zum Guten. Nach zwei Wochen Erholung war Ueli wieder gesund.

Im fünften Schwangerschaftsmonat, als wir unsere Sommerferien am See verbrachten, stolperte ich vor unserem Ferienhaus über eine Gartenplatte und brach mir den rechten Oberarm. Diesmal musste ich ins Krankenhaus. Zehn Tage lang. Ich musste zum Glück nicht operiert werden. Mein Arm wurde lediglich durch eine spezielle Schlinge fixiert. Mit Rücksprache meines Frauenarztes wurden meine Schmerzen mit Tabletten und Spritzen behandelt. Röntgen musste man aber. Doch auch hier spürte ich, dass ich nicht allein war. Ich trug unser Kind unter dem Herzen. Ihm hatte der Unfall Gott sei Dank nicht geschadet. Dem Kind ging es gut.

Während meines Krankenhausaufenthalts spürte ich unser Kind gut, vor allem, wenn ich nachts nicht schlafen konnte. Es war schön, nicht allein im Spitalbett zu liegen. In dieser Zeit rief mich eine ehemalige Schulfreundin an und teilte mir mit, dass sich ein Schulkamerad von uns das Leben genommen hatte. Wieder kam mir der Gedanke, wie nahe Leben und Tod beieinander liegen. Nichts ist selbstverständlich!

Der Sommer ging vorbei. Der Herbst kam. Einmal mitten in der Nacht im Oktober erwachte ich. Ich fühlte mich ganz komisch. Irgendwie war mir schlecht. Mein Bauch fühlte sich ganz hart an. Ich spürte Unruhe und Angst in mir. Da mein Mann Bäcker ist, muss er immer um 1.30 Uhr arbeiten gehen. In dieser Nacht war er schon weg. Ich überlegte nicht lange und rief bei der Notfallhebamme an, der ich meinen Zustand schilderte. Sie riet mir, sofort vorbeizukommen. Ich rief meinen Bruder an, der gleich mit seiner Frau kam. Während mich mein Bruder ins Krankenhaus fuhr, blieb meine Schwägerin bei unserer Tochter. Sofort wurden das Kind und ich untersucht. Mein Frauenarzt kam auch noch. Es war alles in Ordnung. Nach drei Stunden war ich wieder zu Hause. Doch dort angekommen, musste ich erbrechen und hatte Durchfall. »Ach so, eine Magen-Darm-Grippe! Deswegen dieses Unwohlsein ...«

Vierzehn Tage später stellte man bei einer Routineuntersuchung eine akute Blasenentzündung fest, und ich musste mit Antibiotika behandelt werden.

Seit der Magen-Darm-Grippe und der Behandlung mit Antibiotika spürte ich unser Kind nicht mehr so gut. Der Gynäkologe meinte jedoch: »Die Herztöne und die Lage sind in Ordnung. Es kann sein, dass das Kind durch die Medikamente ruhiger geworden ist.« Zwischendurch spürte ich nur noch ein Kribbeln im Bauch.

*Freitag, 8. November 2002*

Wieder eine Routineuntersuchung. Ueli und Jeannine begleiten mich ins Untersuchungszimmer. Ich lege mich auf das Bett. Die Arztgehilfin will schon einmal die Herztöne abhören, bis der Arzt kommt. Nichts. Sie fährt nach oben und nach unten. Von links nach rechts. Nichts. Es ist nichts zu hören.

Als der Arzt kommt, muss ich sofort ins Ultraschallzimmer. Ueli und Jeannine setzen sich neben mich auf einen Stuhl. Im Zimmer ist es finster. Wie gebannt schaue ich auf den Ultraschallmonitor, während mir der Arzt mit dem kalten Gel und dem Stab auf dem Bauch herumfährt. Ich sehe, dass sich unser Kind nicht mehr bewegt.

»Frau Wittwer, Ihrem Kind geht es gar nicht gut«, sagt der Arzt.

»Ich weiß. Es lebt nicht mehr, oder?«, erwidere ich. Ueli fängt an zu weinen.

»Ja«, sagt der Arzt, »sein Herz schlägt nicht mehr.«

Ich fühle mich in diesem Moment ganz ruhig. Ich muss und kann nicht weinen. Ich weiß nur eins: Unser Kind ist im Himmel. Es ist beim Heiland in guten Händen.

Der Arzt hält meine Hand. Ueli kommt zu mir und legt seinen Kopf auf meine Brust. Ich streiche ihm übers Haar. Ob Jeannine weint oder nicht, weiß ich nicht mehr. Jeannine und Ueli gehen zusammen in die Spielecke, dort versucht sie, ihren Vater zu trösten.

*Samstag, 9. November 2002, 7.30 Uhr*
Ueli und ich sind auf dem Weg ins Krankenhaus. Unser Kind soll heute auf die Welt kommen, haben wir beschlossen. Seit gestern Abend geht mir dauernd die Geschichte von Abraham und Isaak im Kopf herum. Gott will Abrahams Glauben prüfen und verlangt von ihm, seinen geliebten Sohn Isaak zu opfern. Als Abraham ihn aus Gehorsam dann wirklich erstechen will, schickt Gott einen Engel, der ihm sagt: »Tu deinem Sohn nichts!«

Will Gott mich prüfen? Will Gott unsere Familie testen? Warum will Gott unser Kind zurückhaben? Warum hat er es uns dann überhaupt wie durch ein Wunder geschenkt?

Ich bete: »Lieber Gott, lass unser Kind zur Welt kommen und lass ein Wunder geschehen, dass es lebt!«

8 Uhr: Die Hebamme nimmt uns in Empfang. Mein erster Eindruck täuscht mich nicht. Sie ist ein wunderbarer Mensch. Auch für sie ist es das erste Mal, dass sie jemanden wie uns bei der Geburt eines toten Kindleins begleiten muss oder darf. Wir werden in ein kleines Zimmer geführt. Auf dem Nachttisch brennt ein Duftlämpchen. Zuerst müssen wir noch ein paar Formulare ausfüllen.

Um 8.30 Uhr bekomme ich ein Zäpfchen, das die Wehen auslösen soll. Nun heißt es warten. Es kann sich um Stunden handeln. Für Ueli haben sie ein Klappbett gebracht, damit er auch ein wenig liegen kann. Ich gehe zwischendurch im Gang spazieren.

Mittags immer noch nichts. Immer wieder kommt die Hebamme und erkundigt sich nach unserem Wohlbefinden und nach unseren Wünschen. Auch der Frauenarzt kommt vorbei.

Um 14 Uhr bekomme ich noch ein Zäpfchen. Jetzt spüre ich ein leichtes Ziehen im Rücken. Die Hebamme schlägt mir vor, in die Blase zu stechen, denn danach gehe die Geburt meistens schneller voran. Wir stimmen zu. Nun fangen die Wehen so richtig an. Ich muss schreien. Ich schreie, schreie, schreie. Ich schreie mir fast die Kehle aus dem Hals, aber mir ist in diesem Moment alles so egal. Ueli hält mich die ganze Zeit lang fest und wischt mir den Schweiß ab. Die Hebamme und der Frauenarzt sind da.

Um 16.10 Uhr kommt unser Sohn Jonas zur Welt. Tot. 2,2 kg schwer und 45 cm lang. Wir dürfen ihn in unsere Arme schließen. Ich lache und weine zugleich. Trotz allem ist dieser Augenblick für mich ein wunderbarer, schöner, ja fast heiliger. Obwohl Jonas nicht lebt, ist er ein kleines gebrechliches Menschlein mit allem Drum und Dran. Die Haut zerreißt, wenn man sie zu fest berührt. Seine Lippen sind fast dunkelrot. Er sieht so ähnlich aus wie unsere Tochter Jeannine-Olivia, als sie auf die Welt kam.

Die Hebamme macht Fotos, wickelt Jonas, zieht ihn an und legt ihn in ein Bett. Da liegt er nun, als ob er nur schlafen würde. Friedlich und still.

Wir rufen zu Hause an. Uelis Mutter ist bei Jeannine. Wir beschließen, dass sie ihr Brüderchen auch sehen darf. Ueli fährt nach Hause und holt sie. Auch unsere Mütter und weitere Verwandte kommen, ebenso die Patentante von Jonas, meine Cousine. Mit ihr fühle ich mich zu diesem Zeitpunkt ganz besonders verbunden, weil auch sie ein Bübchen tot geboren hat. Sie alle betrachten und berühren unseren Jonas und halten ihn in den Armen. Wir weinen miteinander, halten einander und sprechen uns Kraft, Mut und Trost zu. Für mich ist es eine kostbare Zeit, mit unseren Verwandten zusammen von Jonas Abschied zu nehmen. Es ist wertvoll, dass sie Jonas sehen und berühren können. Wenn wir heute von ihm sprechen, dann wissen sie persönlich, um wen es geht, nicht nur vom Hörensagen.

Jeannine begutachtet ihr Brüderchen sehr kritisch. Die dunkelroten Lippen gefallen ihr nicht. Heute, mit fast sieben Jahren, hat sie aber immer noch das Bedürfnis, die Fotos von Jonas anzuschauen. Für sie ist es wichtig, dass sie auch ein Brüderchen gehabt hätte. Wenn sie manchmal gefragt wird: »Hast du auch Geschwister?«, antwortet sie wie selbstverständlich: »Ja, ich habe ein Brüderchen, aber es ist schon in Muttis Bauch gestorben.«

Um 22 Uhr gehen schließlich alle nach Hause. Die Hebamme macht an diesem Tag Überstunden. Wir sind ihr für ihr Mitgefühl, ihre Unterstützung und ihre Begleitung von Herzen dankbar.

Jetzt bin ich mit Jonas allein im Zimmer. Ueli ist mit Jeannine nach Hause gefahren. Ich halte Jonas auf meinen Armen. Ich liebe dieses Kindlein von ganzem Herzen, und ich spüre in dem Moment auch keine Trauer, Wut oder Verzweiflung.

Warum Jonas nicht lebt, wissen wir nicht. Wir haben ihn nicht untersuchen lassen. Was ich aber weiß und was mir Trost und Kraft gibt, ist, dass er beim lieben Gott in guten Händen ist.

*Meine Gedanken sind nicht eure Gedanken, und eure Wege sind nicht meine Wege, spricht der Herr! (Jesaja 55,8)*

Am nächsten Tag holt mich Ueli vom Krankenhaus ab. Wir haben beschlossen, Jonas einäschern zu lassen und ihm bei uns zu Hause im Steingärtchen ein Grab zu machen.

Am 28. November betteten wir die Urne von Jonas in unseren Garten ein. Zusammen mit unserem Pfarrer und dessen Frau hatten wir eine kurze Andacht. Wir beteten, und am Schluss ließen wir das Lied von Dietrich Bonhoeffer erklingen: Von guten Mächten wunderbar geborgen. Dabei musste ich sehr weinen. Aber es tat gut, den Tränen freien Lauf zu lassen. Ueli und ich hielten uns ganz fest. In unseren Herzen werden wir Jonas immer mittragen.

Drei Monate lang verging wirklich kein einziger Tag, an dem nicht irgendein Brief, ein Telefonanruf, ein Besuch oder eine liebe Karte bei uns eintraf. So viele liebe Menschen aus unserer Verwandtschaft, Bekanntschaft und Kirche halfen uns, den Verlust von Jonas zu tragen.

Es tat mir gut, immer wieder darüber sprechen zu können. Viele dachten, es wäre ja furchtbar, ein totes Kind gebären zu müssen. Ob man da nicht einfach einen Kaiserschnitt machen könnte?

Nein, niemals! Für mich war dieser Prozess der Geburt äußerst wichtig: Unseren Sohn in Empfang zu nehmen, ihn auf der Brust liegen zu haben, ihn zu berühren – es waren so schöne Stunden, obwohl er nicht lebte. Dies sind Gefühle, die ich nur schwer beschreiben kann. Es ist ein Erlebnis, das Ueli und mich ganz fest miteinander verbindet. Wir weinten viel zusammen. Wir hielten uns oft einfach nur und schwiegen miteinander. Auch Jeannine hat uns sehr geholfen. Sie ist ein aufgewecktes und fröhliches Mädchen. Es ist so schön, dass wir sie haben. Es ist nicht selbstverständlich!

*Hoffnung ist nicht die Überzeugung, dass etwas gut ausgeht, sondern die Gewissheit, dass etwas Sinn hat, egal, wie es ausgeht!*

Viele dachten auch, ich könnte bestimmt keine Babys oder schwangeren Frauen mehr sehen. Auch für meine beiden Schwägerinnen war es nicht leicht, mit ihren Gefühlen mir gegenüber umzugehen. Beide brachten einen gesunden Bub zur Welt. Doch ich habe keine Mühe, kleine Kinder zu sehen oder zu halten. Ich freue mich für jedes Kind, das leben darf.

Was mir manchmal eher Mühe macht, ist, dass es Kinder in chaotischen Familienverhältnissen gibt oder dass Frauen zum Teil einfach so schwanger werden, ohne dass sie das Kind wollen.

Wir hätten gerne noch ein drittes Kind. Leider werde ich wieder nicht schwanger. Doch wer weiß, vielleicht passiert noch einmal ein Wunder. Alles hat einen Sinn im Leben, davon sind Ueli und ich ganz fest überzeugt.

Vielleicht soll unsere Familie auch für die Betreuung anderer Kinder offen sein. Zurzeit kommen fünf Tageskinder zu uns. An zwei Tagen pro Woche bin ich damit beschäftigt, Brei zu kochen, Windeln zu wechseln, Büchlein vorzulesen, Streit zu schlichten. Wir sind dann eine richtige Großfamilie. Abends, wenn alle im Bett sind – zwei der Tageskinder schlafen bei uns, drei gehen abends wieder nach Hause –, bin ich meistens »fix und foxi«. Aber es sind schöne, wenn auch oft laute und turbulente Tage.

Obwohl schon vor Jonas klar war, dass wir Tageskinder betreuen wollten, ist mir manchmal gleichwohl schon der Gedanke gekommen, ob Jonas für all die anderen Kinder Platz gemacht hat. Ist das der Sinn? Sind das Gottes Gedanken und Wege für uns? Oder hat Gott mir nur »die Schwangerschaft« geschenkt, damit ich die vielen Schwangerschaften in der näheren Umgebung ertragen kann?

Ich habe in dieser Zeit viele Frauen kennen gelernt, die auch ein Kindlein verloren haben. Schon allein in unserer näheren Umgebung sind es über zehn Frauen. Wenn man plötzlich selbst betroffen ist, wird man feinfühliger und offener, und man merkt, dass man ja gar nicht die Einzige ist, der so etwas passiert. Mir ging es jedenfalls so.

Ich besuchte nie eine Gesprächsgruppe oder Trauertherapie. Ich habe das große Glück, in einen harmonischen Familien- und Bekanntenkreis eingebettet zu sein.

Manchmal habe ich das Bedürfnis, unserem Jonas ganz nah zu sein. Dann gehe ich zu unserem Steingärtchen auf sein Grab und zünde eine Kerze an. Manchmal muss ich noch weinen, manchmal bin ich noch traurig; manchmal denke ich auch nur daran, wie er einfach für eine kurze Zeit in meinen Armen liegen durfte.

*Seid fröhlich in Hoffnung, geduldig in Trübsal, beharrlich im Gebet. (Römer 12,12)*

»Gott hat seinen Engeln befohlen, dich zu beschützen, wohin du auch gehst!« Jeannine-Olivia hat diesen Spruch von meiner Schwägerin zur Geburt bekommen. Jonas hat genau denselben Spruch zur Beerdigung von seiner Großmutter bekommen. Für unsere beiden Kinder möge er seine Richtigkeit haben.

Acht Jahre ist es nun schon her, dass Jonas, »ein Gedanke Gottes«, seine Spuren in unserem Leben hinterlassen hat. Noch immer zünden wir an seinem Geburts- und Todestag im November Kerzchen an in unserem Steingärtchen, seinem Grab.

Vor zwei Jahren, am 16. Dezember 2008, durften wir wieder ein Wunder erleben. Unser Silvan Emanuel kam per Kaiserschnitt auf die Welt. Nach fast sechs Jahren wurde ich plötzlich auf ganz natürliche Weise wieder schwanger. Wir freuten uns riesig über dieses große Wunder. Zwar verlief die Schwangerschaft nicht problemlos. Ich brach mir dieses Mal während der Schwangerschaft nicht den Arm, sondern das Bein. Auch musste ich monatlich in der Frauenklinik im Inselspital Bern antreten, da die Ärzte auf Grund meiner Totgeburt nichts versäumen wollten. Der Kaiserschnitt war für den 29. Dezember 2008 geplant gewesen. Weil ich aber dann wie schon bei Jeannine zehn Jahre zuvor einen vorzeitigen Blasensprung hatte, wurde unser Bub schon am 16. Dezember auf die Welt geholt. Leider verlief die Geburt mit großen Komplikationen. Während des Kaiserschnitts verlor ich sehr viel Blut, und einige Stunden nach der Geburt musste ich notfallmäßig noch einmal unter Vollnarkose operiert werden, weil ich innerlich wieder zu bluten angefangen hatte. Aber zum Schluss wurde alles gut. Am 25. Dezember verließ ich mit einem kerngesunden Bübchen das Spital, und wir konnten als glückliche und dankbare vierköpfige Familie das Weihnachtsfest feiern.

Nun ist Silvan am 16. Dezember schon zwei Jahre alt, und Jeannine wird am 28. Dezember zwölf Jahre alt. Die zehn Jahre Altersunterschied zwischen unseren beiden Kindern erfordern manchmal viel Flexibilität und auch Kompromisse. Aber wir genießen unsere Familiensituation und sind glücklich mit unseren beiden Kindern.

Auch betreuen wir immer noch Tageskinder. Zurzeit bin ich 100% Familienfrau, und die Zeit mit den Kindern erfüllt mich voll und ganz. Es geht so schnell und die Kinder sind groß!

*»Silvan Emanuel, Gott hat seinen Engeln befohlen, dich zu beschützen, wohin du auch gehst.«*

Diesen Spruch hat Silvan von unserer Nachbarin geschenkt bekommen. Es ist doch lustig und auch schön, schon Jeannine und Jonas haben diesen Spruch geschenkt bekommen.

Es stimmt eben doch, »aller guten Dinge sind drei«. Im Namen des Vaters, des Sohnes und des Heiligen Geistes, Amen!

*Vreni Wittwer, Gasel (südlich von Bern), CH*

## *Ein kurzes, wertvolles Leben*

Ich schreibe diesen Bericht, weil ich hoffe, dass er Eltern, die in einer ähnlichen Situation, wie wir es damals waren, eine Hilfe sein kann.

Nach unseren beiden Söhnen Till und Nils wurde ich glücklich nochmals schwanger. Ich wusste, dass dieses Baby einfach sein »musste«.

Doch irgendetwas war hier anders. Das fühlte ich. Beim ersten Ultraschall bestätigte sich mein Gefühl. Sofort fiel die verdickte Nackenfalte auf. Ich war überhaupt nicht überrascht. Unsere Ärztin sagte uns, dass dies auf eine Behinderung (Down-Syndrom, Spina Bifida oder Herzfehler) hindeuten könnte. Gewissheit hätte man aber nur mit mehr Tests. Da dies unserem Kind aber nichts genutzt hätte, entschlossen wir uns zu einer genaueren Ultraschalluntersuchung etwa in der 21. Schwangerschaftswoche. Wir gingen mit einem anderen Gefühl heim als bei unseren beiden älteren Jungs. Die Gedanken kreisten: Ist es Down-Syndrom oder etwas mit dem Herzen? Ich wusste nur eins: Gott lädt uns nichts auf, was wir nicht tragen können. Das gab mir Kraft und Zuversicht. Es könnte ja auch alles gut sein. Eine Hoffnung? Eigentlich ist es gut, wenn man sich vorbereiten kann, sagte Andi, mein Mann, und da hatte er Recht.

Die Jungs freuten sich sehr auf ihr kleines Geschwisterchen und erzählten ihm jeden Abend vor dem Schlafengehen durch meinen immer dicker werdenden Bauch das Wichtigste vom Tag. Beim nächsten Ultraschall waren sie dann auch dabei. Nils (3) interessierte mehr die Riesenmenge Gel, die auf meinen Bauch kam, und Till (5) meinte, schon alles genau zu erkennen. Diesmal schien alles in Ordnung, das Baby fit und toll gewachsen. Nichts Verdächtiges. Da keimte Hoffnung auf.

Vier Wochen später fand unsere Ärztin nicht alle vier Herzklappen – ansonsten sah alles gut aus. Wir machten einen Termin in der Frauenklinik ab, um mit einem besseren Ultraschall mehr zu sehen, besonders auch im Hinblick auf die Geburt. Ich hatte eine wunderbare Schwangerschaft, die normalen Nebenerscheinungen und eine große Freude, nicht nur im Bauch, auch im Herzen. Wir freuten uns alle sehr auf dieses dritte Kind. Einzig Sprüche wie »Hauptsache, es ist gesund« ertrug ich nicht so gut. Natürlich wäre es umso schöner, wenn es gesund wäre, aber …

In der 24. Schwangerschaftswoche erfuhren wir das Unausweichliche: Unser Baby war nicht lebensfähig! Ich hatte in meinen Gebeten um Klarheit gebeten. Ich wollte nicht über Leben oder Tod entscheiden, hatte aber nicht damit gerechnet, dass es außerhalb meines Bauches nicht lebensfähig sein würde. Dabei hatten wir uns schon auf eine Behinderung eingestellt …

Der Ultraschall dauerte etwa 45 Minuten, und der Ultraschallspezialist fand immer mehr Behinderungen, doch das Problem sei hauptsächlich das Herz, meinte er. Hypoplastisches Linksherz-Syndrom und mit großer Wahrscheinlichkeit Trisomie 13 (was bei Bluttests nach der Geburt in der Plazenta bestätigt wurde).

In mein Tagebuch schrieb ich: *Allzu hübsch wirst du wohl nicht aussehen, dein Näschen sieht man fast nicht wegen der großen Kiefer- bzw. Gaumenspalte, sechs Fingerchen und Zehen hast du wohl auch, aber kräftig bist du, wenn ich sehe, wie dein einzigartiges Herz das Blut verkehrt herum in deinen Körper pumpt … Wir wollten jetzt plötzlich wissen, ob du ein Mädchen oder ein Junge bist. Damit wir dich mit Namen kennen. LARS – unser dritter Junge. Ich freue mich so auf dich und bin doch so unendlich traurig.*

Ich wollte nicht mehr, dass man ihn länger störte, und bat, den Ultraschall zu beenden. Uns wurde sofort die Möglichkeit von noch mehr Tests oder einem Abbruch angeboten. Obwohl ich das ganze Ausmaß noch gar nicht erfassen konnte, war für uns beide ganz klar, dass es dazu nie kommen würde! Gott hatte uns dieses

Leben geschenkt. Die Entscheidung lag nicht bei uns, dieses Leben zu beenden. Ich war so froh, dass wir uns nicht über solche Fragen streiten mussten. Diese Schwangerschaft zeigte uns, wie gut es war, dass wir uns in solch fundamentalen Dingen einig waren.

Die Zeit der Trauer hatte begonnen, obwohl unser Kind noch gar nicht geboren war. Wir weinten beide viel. Das war gut. Jetzt konnten wir es auch den Kindern sagen. Nils begriff das Ganze noch nicht recht, und Till sagte: »Aber dann war doch alles vergebens?!« Ich konnte ihn so gut verstehen und versuchte, ihm zu erklären, dass es ein großer Unterschied sei, ob er ein zweites Brüderchen hätte, das zwar sterben würde, oder ob da nie ein Lars in Mamis Bauch gewesen wäre.

Ich hatte viele Auf und Abs. Da waren so viele Fragen. Wie stirbst du? Wie lange hast du Zeit? Wie siehst du aus? Wie geht das, Geburt und Beerdigung? Ich kann dich ja gar nicht stillen? Alles ist bereit für dich – nur du bist nicht mehr da!

Wir beteten, dass Lars nach der Geburt noch etwas leben durfte, dass er heimkommen konnte, dass wir ihn würden halten können …

Einen Monat nach unserem klaren Ultraschallbefund trafen wir uns mit einem Herzspezialisten nochmals zum Ultraschall. Er versetzte sich sehr gut in unsere Lage und unterstützte uns dabei, Lars so bald wie möglich nach der Geburt mit nach Hause zu nehmen und ihn in Frieden sterben zu lassen.

Doch ich stellte mir wohl zum hundertsten Mal die Frage: Wie kann ich gebären, wenn ich weiß, dass Lars außerhalb von mir nicht mehr lange leben kann? Ich war seine Intensivstation, und auch die Ärzte meinten, es sei ein Wunder, dass er so kräftig war. Wir mussten uns auch darauf vorbereiten, dass er eventuell schon im Bauch sterben würde. Ich betete darum, dass mir dies erspart blieb! Es gab mehrere Momente, in denen ich seine kräftigen Tritte nicht mehr spürte, und da war jedes Mal riesige Erleichterung, wenn er sich dann wieder »meldete«. Wir genossen die kurze Zeit mit Lars intensiv. Wir hatten das Glück, ihn hier und jetzt zu lieben, so, wie er war, und ihn in unsere Familie zu integrieren. Er war und ist so sehr Teil von uns. Da ist eine so starke Liebe gewachsen, wie man es kaum für möglich hält.

Ich stellte mir manchmal vor, wie er wohl aussehen würde, und da quälten mich die unklaren Ultraschallbilder. Wie beruhigend waren dann wieder die Berichte von Müttern, die erzählten, dass die Entstellungen oder Behinderungen völlig verblasst seien ob der Freude über das Kind.

Die Geburtskarten hatten wir geschrieben, Hebammen und Klinik informiert, Fotoapparate und wichtige persönliche Gegenstände lagen parat. Plötzlich wurde mir bewusst, wie endgültig alles war. Es gab kein Entkommen: Ich musste da durch, es kam unaufhaltsam auf mich zu. Und als es (einen Monat zu früh) passend zu Ostern losging, war ich traurig, aufgeregt, aber auch froh, dass es weiterging. Obwohl die Geburt ganz anders verlief als bei Till und Nils, war es doch einfach gut so. Unsere Hebamme und die Ärztin waren beide in den Ferien, aber weil alle informiert waren, hatten wir eine beispielhafte Betreuung. Ich war so froh, dass ich Lars bei der Geburt immer wieder spürte, und weil er auch kleiner war (sein Wachstum war in der 28. Schwangerschaftswoche stehen geblieben), musste er keine allzu lange Geburt über sich ergehen lassen.

Was für ein Moment – er lebte! Klein, warm, schmierig, dünn quäkte er sogar etwas in meinen Armen. Jetzt war er da – wir hatten Zeit, ihn zu betrachten. Er war so vollkommen, mit seinen dunklen Haaren auf dem Kopf, dem platten Näschen, als ob er gerade vom Boxkampf käme. Er hatte die Augen geschlossen – er machte sie sein ganzes Leben nie auf. Die sechs Zehen bemerkte man nur, wenn man sie bewusst zählte, und die Kiefer-/Gaumenspalte störte uns nicht im Geringsten. Es passte einfach so. Am liebsten mochte er es, auf mir oder Papi zu liegen, und das tat er dann auch bis zu seinem Tod. Till und Nils waren sofort nach der Geburt da und bestaunten ihren kleinen Bruder. Auch sie schien die Kiefer-/Gaumenspalte weit weniger zu stören als die »normale« Käseschmiere und die runzlige Haut.

Nachdem die Ärztin zusammen mit der Hebamme unseren Lars untersucht hatte, durften wir gehen. Wir wurden in der Klinik sehr rücksichtsvoll und mitfühlend betreut, aber jetzt wollten wir, wie damals schon mit unseren beiden anderen Söhnen, heim. Die Nacht und den nächsten Tag mit unserem Baby schien die Zeit einfach still zu stehen. Großeltern, Paten und die nächsten Verwandten besuchten ihn. Die Zeit war knapp, er wurde immer schwächer, die Anzeichen des Herzfehlers machten sich immer häufiger bemerkbar, er wurde blau, aber er kämpfte tapfer weiter. Wir waren mit ihm allein, als er seinen letzten Atemzug in meinen Armen tat …

Lars war gegangen!

Es ist wohl schwer zu verstehen, aber es war so ein feierlicher Moment, als wir ihn dann einsalbten, ihm die damals unter Tränen gekauften Kleidchen anzogen, ihn immer wieder im Kerzenlicht betrachteten und ihn dann zum ersten Mal in die Wiege legten.

Wir waren so froh über alles, was wir vorbereitet hatten. Wir hatten viele Helfer, die kochten, planten, hüteten, einkauften und beteten. Auch die Beerdigung, die ich mir nicht wirklich vorstellen konnte, war mit all den farbigen Ballons am blauen Himmel, den lebhaften Kindern und dem Frieden, den wir erfahren durften, ein Segen.

Etwas mehr als ein Jahr ist seither vergangen. Während ich den Bericht schrieb, bin ich immer wieder in Tränen ausgebrochen, so nah ist das Ganze und doch so fern. Die Trauer war oft so schmerzhaft. Ich habe mein Baby so sehr vermisst, ich hatte Milch, aber da war niemand, der sie trinken konnte …

Er fehlt mir, er fehlt uns, wir vermissen ihn, unseren kleinen Lars. Sein Leben hat so viel bewirkt. Vieles werden wir nie erfahren. Gott allein weiß, warum Lars nur so kurz da war.

Lars' kurzes Leben hat nicht nur unsere Familie berührt. Sein Dasein hat vielen Menschen gezeigt, wie unberechenbar und oft unplanbar viele Dinge in unserem Leben sind. Ich wünsche mir, dass ich etwas von Gottes Größe und seinem Segen, den er uns mit Lars geschenkt hat, zeigen kann: Wie sehr er uns durch das schwere Leid, aber auch die große Freude geführt hat. Auf unserem Geburts- bzw. Todeskärtchen von Lars steht: »Dein Wille geschehe.« Das wurde mir damals so klar bewusst: Unsere Zeit steht in seinen Händen.

Lars' Leben war von Gott gewollt. Wir haben so viel Segen erfahren dadurch, dass ich ihn bis zu dem Zeitpunkt ausgetragen habe, den Gott bestimmt hatte. Die Anteilnahme von Freunden, Verwandten, Ärzten und Pflegepersonal, ja zum Teil von uns fremden Menschen war überwältigend. Ich möchte jeder Frau und jedem Mann ans Herz legen, nicht voreilig zu handeln, wenn Ärzte zum Schwangerschaftsabbruch raten. Es ist schwer, mit dem Wissen um eine Behinderung oder gar mit dem frühen Tod des eigenen Kindes zu leben. Aber es wird nicht gelingen, dies mit einem frühen Abbruch zu vergessen oder ungeschehen zu machen. Es ist eine so reiche Erfahrung, die Sie hier machen dürfen, und solch ein Privileg, Eltern von gerade diesem Kind zu sein! Geben Sie ihm all die Liebe, die es erwartet und verdient hat. Sie werden es nie bereuen!

Am 2. Juni 2005 wurden wir mit unserem vierten Sohn gesegnet. Jens ist ein gesunder Bub! Unser Leben mit den dreien ist noch eine Spur lebhafter und bereichernder geworden.

Wir haben auch bei dieser Schwangerschaft keine anderen Vorkehrungen als den Ultraschall getroffen. Wir fühlten uns durch Gottes große Zusage getragen. Sein Wille würde auch diesmal geschehen – und wir wollten es zulassen. Noch einmal ein Jahr später sehen wir schon wieder ein klein bisschen mehr, wieso Lars nur so kurz bei uns war. Wir werden gebeten, von seinem Leben zu erzählen. Andere Menschen (Betroffene, aber auch Fachpersonal) interessieren sich dafür, wie man im Wissen um den bevorstehenden Tod werdendes Leben bejahen kann. Weil jedes Leben seinen Grund hat! Weil wir alle gewollt sind – keine Kinder des Zufalls!

*Schon als ich im Verborgenen Gestalt annahm, unsichtbar noch, kunstvoll gebildet im Leib meiner Mutter, da war ich dir dennoch nicht ver-*

*borgen. Als ich gerade erst entstand, hast du mich schon gesehen. Alle Tage meines Lebens hast du in dein Buch geschrieben – noch bevor einer von ihnen begann! (Psalm 139, 15–16)*

*Angelina Heusser, Oberhofen bei Thun, CH*

*Teil III*

# *Trauern erlaubt!*

## *Ein steiniger, aber lohnender Weg: Fachbeiträge zum Thema*

## *Trauerwege schrittweise gehen*

»Trauer ist die natürliche Reaktion eines Menschen auf einen Verlust« – diese nüchternen Worte umschreiben nur schattenhaft die Situation von Eltern, die ihr Kind verloren haben. Trauer ist kein einzelner Moment, sondern ein langer Prozess. Sehr unterschiedliche Gefühle und Gedanken können betroffene Eltern begleiten: Zorn, Niedergeschlagenheit, Traurigkeit, Schuldgefühle ... Diese Gefühle und Gedanken stellen sich meist nicht nacheinander ein (phasenhaft), sondern können oft wiederkehren bzw. parallel vorhanden sein.

Deshalb können Trauerwege nicht nach Gefühlen oder Gedanken geordnet schrittweise gegangen werden – sinnvoller ist es für Trauernde, sich einzelnen Aufgaben zu stellen. Diese »Traueraufgaben« sind für jeden Menschen individuell zu bearbeiten. Jeder Mensch trauert auf seine Art und Weise, und trotzdem steht jeder Trauernde vor den gleichen Aufgaben, die ich hier im Folgenden beschreiben möchte:

### *1. Aufgabe: Den Verlust des Kindes als Realität akzeptieren lernen*

Die Nachricht vom Tod des Kindes ist für die Eltern eine Katastrophe – die Hoffnung auf Familienzuwachs, vielleicht sogar auf das erste Kind, ist zerstört. Darin besteht für die Betroffenen eine große Spannung – die Hoffnung auf Leben und dann der Tod des Kindes: Es ist nahezu »unfassbar« und »unbegreiflich«. Und trotzdem stehen wir vor der Aufgabe, diesen Verlust für uns fassbar und begreiflich zu machen.

Um die Schwere des Verlustes zu verstehen, ist das Betrachten dessen, was wir verloren haben, sehr wichtig: Das Kind ist, völlig unabhängig vom Alter (auch während der Schwangerschaft), ein Mensch. *Du hast mich geschaffen – meinen Körper und meine Seele, im Leib meiner Mutter hast du mich gebildet. Herr, ich danke dir dafür, dass du mich so wunderbar und einzigartig gemacht hast* (Psalm 139). Ein Mensch wird durch Gottes Schöpfung zum Menschen, nicht erst durch die Geburt. Dieses einzigartige Geschöpf ist nun tot.

Der Verlust des Kindes kann zu ganz unterschiedlichen Zeitpunkten der Schwangerschaft stattfinden:

Bei dem Tod des Kindes *innerhalb der ersten zwölf Schwangerschaftswochen (SSW)* ist das Kind für die Eltern wenig fassbar. Die körperlichen Veränderungen der Frau sind meist noch nicht so stark ausgebildet, Bewegungen des Kindes sind sehr selten spürbar. Die Zeit mit dem Kind war sehr kurz. Falls es zu keinem »natürlichen Abgang« des Kindes kommt, muss das tote Kind durch Ausschabung oder Absaugen aus dem Mutterleib entfernt werden. Dies geschieht unter Narkose. So bleibt für die Mutter keine Erinnerung an den Eingriff; außerdem wird der Körper des Kindes durch diesen Eingriff unkenntlich. Es kann nicht gesehen und berührt werden. Dadurch besteht die Gefahr, dass der Verlust des Kindes als Albtraum empfunden wird, als irreal, weil das Ende der Schwangerschaft nicht bewusst erlebt wird und wenige Erinnerungsstücke bleiben.

Der Tod des Kindes nach der zwölften SSW bedeutet für die Eltern einen tiefen Einschnitt. Das Kind wuchs heran, die Schwangerschaft wurde für die meisten sichtbar, und vielleicht waren auch die Bewegungen des Kindes zu spüren. Vorbereitungen (Kauf von Babysachen, Kinderzimmer) liefen an – nun müssen sich die Eltern mit dem Tod des Kindes auseinander setzen. Das Kind muss durch Geburt oder Kaiserschnitt den Körper der Mutter verlassen. Die Entscheidung zwischen einem Geburtsvorgang und dem Kaiserschnitt ist schwierig und sehr persönlich. Für eine durchlebte Entbindung spricht die Erfahrung einer Geburt (auch die Geburt eines toten Kindes ist eine Geburt). Der Tod des

Kindes wird so erfahrbar und greifbar. Beim Kaiserschnitt ist das durch die Narkose nicht möglich. Dazu kommt noch die körperliche Belastung durch diese Operation. Gleichzeitig ist der Geburtsvorgang für eine Frau mit starker emotionaler Belastung verbunden. Es bleibt eine persönliche Entscheidung der Betroffenen, deren Für und Wider in Ruhe bedacht werden will.

Der Tod eines Kindes kurz nach der Geburt kann für die Eltern in dieser Situation sehr unterschiedlich sein: Es kann zum Beispiel durch genetisch bedingte Erkrankungen schon vor der Geburt der baldige Tod des Kindes nach der Geburt wahrscheinlich sein. Diese Spannung dazwischen, das Leben in sich zu spüren und um den baldigen Tod zu wissen, ist für die Mutter eine große Herausforderung. Gleichzeitig ist dies die einzige Zeit, die ihr mit ihrem Kind bleibt. Das Erleben, das Kennenlernen des Kindes und das Wissen um den baldigen Abschied sind auch Chancen. Wenn schon vor der Geburt des Kindes der baldige Tod des Kindes wahrscheinlich ist, kann die Zeit der Schwangerschaft bewusst zum Abschiednehmen genutzt werden. Manche erleben auch eine Frühgeburt, bei der das Kind aufgrund des geringen Gewichts und des frühen Entwicklungsstadiums in Lebensgefahr geraten kann. In den letzten Jahren gelingt es Ärzten durch neue technische Entwicklungen zunehmend, solche Kinder am Leben zu erhalten. Aber nicht immer! Es kann auch sein, dass das Kind unerwartet während der Geburt oder bereits unerkannt während der Schwangerschaft zu Schaden gekommen ist. Auch hier beginnt meist ein Kampf der Ärzte um das Leben des Kindes, der nicht immer erfolgreich verläuft. Diese Erlebnisse sind für die Betroffenen sehr intensiv aufgrund des kurzen Zeitrahmens: die Freude über die Geburt mit aller psychischen und körperlichen Anstrengung – die Angst um das Kind – und dann der Tod des Kindes. Diese zeitliche Unterscheidung ist aber keine Gewichtung des Verlustes: Studien sagen aus, dass eine Fehlgeburt in der Frühschwangerschaft ebenso gravierend sein kann wie eine Totgeburt. Um diesen Verlust als Realität weiter greifbar und erfahrbar werden zu lassen, sind verschiedene Punkte hilfreich:

- Jedes Kind, egal, welchen Alters, ist ein Mensch und Geschöpf Gottes. Eine Möglichkeit, die Einzigartigkeit dieser Person deutlich zu machen, besteht darin, diesem Kind einen Namen zu geben. Vielleicht haben Sie sich während der Schwangerschaft bereits einen Namen überlegt – dieser Name kann Ihrem Kind eine Identität geben. Der Name gehört zu einer Person dazu. *Ich habe dich bei deinem Namen gerufen, du bist mein …*, sagt Gott. Mit dem Namen sagen auch Sie zu Ihrem Kind: »Du bist mein. Du gehörst zu unserer Familie.« Wenn Sie aufgrund des frühen Verlustes des Kindes das Geschlecht nicht wissen, können Sie auch Namen wählen, die zu beiden Geschlechtern passen (Chris, Jacky, Raffaele, Niki, Conny usw.).
- Nutzen Sie die einzigartige Chance, Ihr Kind kennen zu lernen. Soweit es möglich ist, nehmen Sie sich Zeit für Ihr verstorbenes Kind: Sehen Sie es sich an, berühren Sie es, kümmern Sie sich um Ihr Kind. Es geht nicht allein um das Erfahren des Todes, sondern auch um die Begegnung mit dem Kind.
- Um die Existenz Ihres Kindes festzuhalten, eignen sich auch Erinnerungsstücke. Das können sehr unterschiedliche Dinge sein: Fotos des verstorbenen Kindes, ein Hand- und Fußabdruck, eine Locke vom Haar. Aber auch Fotos während der Schwangerschaft, ein lieb gewordenes Kleidungsstück, der Mutterpass, ein Spielzeug – Dinge, die Sie an Ihr Kind erinnern. Für Eltern, die ihr Kind früh in der Schwangerschaft verloren haben, ist es manchmal schwierig, sich in dieser kurzen Zeit des Lebens mit dem Kind Erinnerungsstücke zu schaffen. Fotos von dem Kind sind nicht möglich, viele Erfahrungen wie das Sehen und Berühren des Kindes konnten nicht gemacht werden. Vielleicht haben Sie ein Ultraschallbild des Kindes. Ein betroffenes Paar hat die Rechnung des Friedhofs für das Grab als Erinnerungsstück aufbewahrt.
- Eine Wertschätzung des Lebens Ihres Kindes kann auch die Bestattung sein. Das jeweilige Bestattungsrecht des Bundeslandes setzt den rechtlichen Rahmen. In der Regel gilt für ver-

storbene Kinder mit einem Gewicht über 500 Gramm eine Bestattungspflicht (durch einen Bestatter). Für verstorbene Kinder unter 500 Gramm gilt meist ein Bestattungsrecht – das bedeutet, dass betroffene Eltern ihr Kind selbst bestatten können, es aber nicht müssen. Wenn die Eltern das Kind nicht bestatten, handelt die Klinik. Meistens wird das Kind dann entsorgt, nicht bestattet. Für sehr viele betroffene Eltern ist die Grabstätte ihres Kindes ein wichtiger Ort. Hier können sie an ihr Kind denken, haben einen Ort zum Trauern. Das gilt auch für Eltern, deren Kinder unter 500 Gramm wogen. Damit die Eltern (oder ein Bestatter) diese Kinder mitnehmen und beerdigen können, brauchen sie eine »Ärztliche Unbedenklichkeitsbestätigung« für die Klinik. (www.stillgeboren.de/Sammlungen/Linkbegriffe, unter Bestattung) Diese Möglichkeit ist erst in den letzten Jahren entstanden und manchem Klinikpersonal oder den Friedhofsverwaltungen nicht bekannt. Suchen Sie sich bei Hindernissen Unterstützung: durch Freunde oder Verwandte, Personen aus Selbsthilfegruppen (Adressen siehe Anhang), professionelle Trauerbegleiter oder durch einen Bestatter. Geben Sie nicht beim ersten Widerstand auf – Sie können viel für Ihr Kind und sich selbst damit gewinnen. Weitere rechtliche Informationen finden Sie unter: www.stillgeburt.de → Hilfen → Publikationen (ganz unten auf der Seite: Informationen zum Bestattungsrecht in Deutschland und zum Mutterschutzgesetz); oder www.postmortal.de → Tod in Recht & Ordnung (Das Bestattungs- und Friedhofsrecht in Deutschland).

– Je nach persönlicher Ausrichtung kann vor der Bestattung eine Trauerfeier stattfinden. Das Ziel einer Trauerfeier ist für die Betroffenen, Abschied von dem Verstorbenen zu nehmen – und gleichzeitig andere Anteil an dem Verlust haben zu lassen. Je nach eigenen Bedürfnissen können die Trauerfeier und die Bestattung ein gemeinsames Ereignis für die betroffenen Eltern, die Verwandten und auch für die Freunde werden. Gemeinsam um das Kind trauern – das kann zwar bereits schon im Krankenhaus geschehen, auch vor der Beerdigung, aber die Trauerfeier ist ein Höhepunkt des gemeinsamen Abschiednehmens. Sie haben viele Gestaltungsmöglichkeiten: das Verlesen eigener Texte, eine Predigt (wenn gewünscht), Segnung der Trauernden und vieles mehr. Auch bei der Beerdigung können die betroffenen Eltern zum Beispiel durch eigene Beiträge und das eigenhändige Zuschaufeln des Grabes Abschied von ihrem Kind nehmen.

- In der Vorbereitung für die Bestattung Ihres Kindes können Sie Ihrem Kind auch Liebesdienste erweisen. Sie können, so weit möglich, Ihr Kind selbst waschen und anziehen. Je nach Größe des Kindes wird ein Sarg oder ein Körbchen benötigt. Diese können Sie selbst gestalten.
- Die Mitteilung des Todesfalles kann auch über eine Todesanzeige in der Zeitung erfolgen.
- Rituale sind symbolhafte Handlungen, die gleichzeitig einen tieferen Sinn vermitteln können. Das Anzünden einer Kerze kann auch als Zeichen für Jesus Christus als Licht (Johannes 8, 12) und als Zeichen der (zukünftigen) Auferstehung (Ostern) verstanden werden. Unsere Kultur ist sehr arm geworden an Ritualen – nutzen Sie früher verbreitete Rituale wie das Anhalten einer Uhr, oder schaffen Sie sich neue. Manche betroffene Eltern lassen als Zeichen Luftballons bei der Bestattung fliegen: Ein Luftballon fliegt weg, verschwindet irgendwann aus dem Blickfeld – und er muss zum Fliegen losgelassen werden.

In allen Überlegungen und Schritten: Sorgen Sie für sich selbst! Verlieren Sie sich nicht mit Ihren eigenen Bedürfnissen, Ihren Wünschen und Vorstellungen aus dem Blick. Übernehmen Sie von diesen Vorschlägen das, was Ihnen gut tut, und gestalten Sie Ihren eigenen Weg nach eigenen Vorstellungen.

*Ein Wort an Verwandte und Freunde:* Bitte bedenken Sie vor aller Hilfestellung den betroffenen Eltern gegenüber, dass Sie selbst auch Betroffene dieses Verlustes sind. Vielleicht haben Sie sich schon lange Enkelkinder gewünscht, und diese Hoffnung ist nicht mit diesem Kind erfüllt worden. Vielleicht haben Sie die (lange) Hoffnung der Eltern auf Kinder geteilt – und sind selbst traurig über den Tod des Kindes. Vergessen Sie im Umgang mit den Eltern des verstorbenen Kindes nicht Ihre eigene Betroffenheit und Trauer. Sie können die Eltern unterstützen, ohne Ihre eigene Trauer vollständig hinter sich zu haben – aber vergessen Sie nicht Ihre eigenen Traueraufgaben! Eine Hilfe für die betroffenen Eltern können die praktische Unterstützung bei den aktuellen Lebensaufgaben (Haushalt, Essenzubereitung etc.) und die Hilfe bei der Vorbereitung der Trauerfeier sein. Meist sind die betroffenen Eltern wie betäubt vom Erlebten – bieten Sie Ihre Hilfe möglichst konkret an, und warten Sie nicht darauf, dass die Eltern des toten Kindes sich bei Ihnen melden. Um selbst aktiv zu werden, braucht es viel Kraft, die in solchen Situationen häufig fehlt.

In den Gesprächen mit den Eltern sind viele unsicher, was sie sagen sollen. Verzichten Sie bitte auf wohlgemeinte Ratschläge oder Beurteilungen; drücken Sie eher die eigene Hilflosigkeit und Unsicherheit aus (»Ich weiß nicht, was ich sagen soll«; »Bitte, sag mir, wie ich dir helfen kann«), und manches Schweigen kann mehr trösten als viele Worte. Auch wenn Sie selbst die Tragweite des Verlustes der Eltern nicht ermessen können, versuchen Sie, ihnen einfühlend und mit Wertschätzung zu begegnen.

Versuchen Sie, sich als Verwandte und Freunde untereinander abzusprechen, um so abwechselnd und kontinuierlich für die trauernden Eltern da sein zu können.

Der Ausdruck »Verlust des Kindes« stellt gleichzeitig die Frage: Wo ist dieser Mensch jetzt? Ist das Kind verloren, weg oder woanders? In der Bibel wird berichtet, dass das Leben eines fehlgeborenen Kindes nicht mit dem Tod hier auf Erden endet (vgl. Prediger 6, 3 und Hiob 3, 16-19). Dadurch können wir wissen, dass unsere verstorbenen Kinder mit ihrem Tod bereits jetzt den Frieden Gottes erfahren (Johannes 11, 26-27). Der Verlust des Kindes ist also nicht das Verlorengehen dieses Kindes. Es ist von uns getrennt, lebt jetzt in der Nähe Gottes. Diese Trennung anzuerkennen ist für manche Menschen schwierig. Einige Betroffene versuchen, über spiritistische Medien oder andere Wege Kontakt zu ihren Kindern aufzunehmen. Gott verbietet uns, die Trennung zwischen Lebenden und Toten überbrücken zu wollen (3. Mose 19, 31; 5. Mose 18, 11). Solche Wege werden die Trennung zum Kind nicht aufheben, aber es schwerer machen, den Tod des Kindes zu akzeptieren.

### *2. Aufgabe: Den Schmerz der Trauer durcharbeiten*

Nach dem Anerkennen des Verlustes gilt es, sich dem Schmerz der Trauer zu stellen. Am Anfang des Verlustes kann es sein, dass kein eigenes Gefühl wahrzunehmen ist. Wenn uns etwas zustößt, das wir zuerst nicht bewältigen können, kann es sein, dass wir uns gefühlsmäßig einkapseln. Nach und nach kommt dann aber der Schmerz, wenn er zugelassen wird. Dieser Schmerz hat Auswirkungen auf den eigenen Körper (Kraftlosigkeit, Appetitlosigkeit oder auch Erbrechen), das eigene Verhalten (Wut und Aggression gegen sich selbst und andere), die eigene Wahrnehmung (geringeres Selbstwertgefühl, Verwirrung oder auch Unruhe). Dabei treten häufig auch widersprüchliche Gefühle wie Anspannung und Gelassenheit gleichzeitig auf.

Jeder Mensch hat ganz eigene Bewältigungsstile, um mit Verlusten umzugehen. Manche möchten über das Erlebte sprechen oder schreiben, können im kreativen Umgang mit Malblock, Ton oder Musik ihren Gefühlen Ausdruck geben. Andere wollen sich zurückziehen, den Schmerz eher allein mit sich selbst ausmachen. Dabei kommt es oft zu Spannungen in der Partnerschaft: Während Frauen häufig über das Erlebte immer wieder sprechen möchten und ihren Gefühlen auch beispielsweise durch Weinen Ausdruck verleihen wollen, ziehen sich Männer eher zurück. Männer sind meist von der Trauer ihrer Partnerin sehr betroffen und wollen sie vor weiterem Leid schützen. Das Ausdrücken von Gefühlen ist häufig ungewohnt, und das Reden über Ereignisse empfinden manche Männer als nicht hilfreich zur Lösung. Die ganz unterschiedlichen Bedürfnisse (Möglichkeit zum Sprechen, Möglichkeit zum Rückzug) führen nicht selten zu Spannungen – der Versuch, auf die gleiche Art zu trauern, gelingt manchmal nicht.

Bewerten Sie nicht den Trauerweg des anderen; lernen Sie die persönliche Trauer Ihres Partners/Ihrer Partnerin kennen. Sprechen Sie mit Ihrem Partner/Ihrer Partnerin über die gegenseitigen Erwartungen und Wünsche. Und haben Sie den Mut, eigene Bedürfnisse wie zum Beispiel das Gespräch über das Geschehene mit anderen zu suchen, wenn es für Ihren Partner/Ihre Partnerin gerade nicht möglich ist. Geteiltes Leid ist nicht halbes Leid – Leid muss jeder für sich allein tragen, aber jeder kann sich Unterstützung beim Tragen suchen.

Die ganze Familie ist als Gruppe von dem Verlust des Kindes betroffen. Wenn es Geschwister des toten Kindes gibt, reagieren diese meist mit feinen Antennen auf das Gefühlsleben der Eltern. Sie spüren, falls sie es nicht wissen, dass etwas nicht in Ordnung ist. Entsprechend dem Alter sollte der Tod angesprochen werden, damit die Geschwister das Verhalten der Eltern einordnen können. Auch Großeltern sind betroffen: »Warum konnte ich meine Kinder, meinen Enkel nicht vor diesem Leid bewahren?«, oder: »Warum stirbt das kleine Kind und nicht ich alter Mensch?« Auch Großeltern brauchen Unterstützung in ihrer Trauer.

Wie die Trauer die Beziehung zu sich selbst und zu anderen beeinflusst, so beeinflusst die Trauer auch die Beziehung zu Gott. Der vorher feste Glaube voller Zuversicht ist meist erschüttert: Warum hat Gott das zugelassen? Wo war Gott beim Tod meines Kindes? Wo ist er jetzt? Diese Fragen können Sie Gott stellen – Gott wünscht sich unsere Beziehung, unser Vertrauen, unseren Glauben an ihn *trotz* leidvoller Erfahrungen. Es ist kein Unglaube, zu weinen (Jesus weinte auch; Lukas 19, 41; Johannes 11, 35) oder das Leid zu klagen (z.B. Psalm 22, Hiob 21). Gott hat auch in diesem Geschehen nicht seine Allmacht verloren – er allein bestimmt den Zeitpunkt des Todes eines jeden Menschen (Jesaja 38, 12; Jakobus 4, 15). Die Frage nach dem Warum und Wozu von Leid lässt Gott meist offen. Es wird auch bei der Frage Jesu am Kreuz »Warum hast du mich verlassen?« (Matthäus 27, 46) nicht von einer Antwort Gottes berichtet. Leid ist keine Strafe Gottes am Einzelnen, sondern dient Gottes Zielen (Johannes 9, 3). In allem Leid bleibt die Liebe Gottes zu seinen Kindern (Johannes 3, 16; Römer 8, 35-39). Sprechen Sie mit einem Seelsorger, wenn Sie Fragen in Ihrer Beziehung zu Gott haben.

Während in den ersten Tagen die Trauer das allein bestimmende Gefühl sein kann, wird es immer wichtiger, die Trauer in den persönlichen Tagesrhythmus zu integrieren, der Trauer einen bestimmten Zeitraum zuzuweisen. Außerhalb dieser Zeit sollten Sie sich darum bemühen, Ihre Trauer nicht zuzulassen. Es ist hilfreich, neben einem Zeitpunkt einen bestimmten Ort für die Trauer zu haben. Das kann die Grabstelle, ein Album mit Erinnerungen an das Kind oder eine Trauerecke mit Fotos und Erinnerungsstücken sein.

Das Verdrängen dieses Schmerzes kann den Trauerprozess erheblich beeinträchtigen. In der Flucht liegt hier kein Heil – die Flucht in Arbeit, in Tätigkeiten oder Essen mit dem Ziel »Nur nicht daran denken!« führt nicht dazu, dass der Schmerz bearbeitet und verarbeitet wird. Es kann nicht gelingen, ständig auf der Flucht zu sein. Wenn es Nacht wird, die Erschöpfung zur Pause zwingt, dann können der Verlust und damit der Schmerz besonders intensiv sein. Sehr gefährdet sind hier Personen, von denen »Stärke« erwartet wird. Das kann der betroffene Vater sein, der für die Familie da sein möchte, oder auch die Mutter, die ihre Kinder nicht mit der eigenen Trauer »belasten« will und sie deshalb unterdrückt. Auch Menschen, die keine unterstützenden Verwandten oder Freunde haben, die körperlich und seelisch bereits vor dem Verlust angegriffen waren – diese Menschen können in der Trauer krank werden.

Wo Trauernde sich langfristig aller Veränderung und Entwicklung verschließen und nur mit den Toten verbunden sind, verzichten sie auf das eigene Leben. Anhaltende Bitterkeit, schwere depressive Verstimmungen, Sucht- oder Suizidgefährdung sind mögliche Folgen.

Eine Möglichkeit, über die Trauer offen sprechen zu können, ist eine Gesprächsgruppe (meist eine Selbsthilfegruppe). Dort können Eltern ihre Gefühle, Probleme, Erinnerungen und Sehnsüchte zeigen, miteinander teilen und so einander unterstützen. Im Austausch können Betroffene erfahren, dass ihre Trauer und die damit verbundenen Gefühle und Gedanken meist ganz normal sind und so oder so ähnlich auch von anderen erlebt werden. Weiterführende und hilfreiche Adressen finden Sie im Anhang.

*Ein Wort an Verwandte und Freunde:* Als Hilfe brauchen Betroffene besonders neben weiterer praktischer Unterstützung ehrliche Anteilnahme. Dabei ist Anteilnahme dann hilfreich, wenn sie wirklich vorhanden und nicht vorgetäuscht ist. Beachten Sie, dass Betroffene durch unbedachte Äußerungen wie »Du bist ja noch so jung. Beim nächsten Mal wird es bestimmt klappen!« oder »Ein weiteres Kind hättet ihr sowieso nicht geschafft!« tief verletzt werden können. Nehmen Sie sich Zeit zuzuhören, auch wenn Sie das Erzählte schon öfter gehört haben, und begegnen Sie den Trauernden mit Wertschätzung, auch wenn Sie nicht alle Gefühle und Verhaltensweisen verstehen.

### *3. Aufgabe: Sich in einer Wirklichkeit zurechtfinden, in der der/die Verstorbene fehlt*

Meistens kommt diese Aufgabe schnell auf die Eltern des verstorbenen Kindes zu, weil wenig gesellschaftliche Akzeptanz für eine Trauerzeit über ein früh verstorbenes Kind vorhanden ist. Neben der Frage der Arbeit (Frauen haben nur unter bedingten Umständen einen Anspruch auf Mutterschutz) ist die Familie (vielleicht

Geschwisterkinder) eine Aufgabe. Und schließlich die betroffenen Eltern selbst. Die Aufgaben zwei und drei lassen sich zeitlich also nicht ganz voneinander trennen.

Nachdem der Schmerz etwas nachgelassen hat, steht jeder Betroffene vor der Frage: Stehen bleiben oder weitergehen? Bewusst im Schmerz bleiben oder andere Aufgaben wieder neu angehen? Dies geht über das einfache »Funktionierenmüssen« hinaus. Entwickeln Sie ein Programm gegen diese Lethargie. Beginnen Sie damit, sich selbst etwas Gutes zu tun, zum Beispiel eine warme Badewanne, ein Besuch im Kino. Ein zweiter Schritt ist, dass Sie selbst aktiv werden. Seien Sie kreativ, lassen Sie Ihrer Fantasie freien Lauf (Malen, Zeichnen, Tagebuch, Basteln …). Denken Sie auch an den gesunden Ausgleich zwischen Ruhe und Anstrengung wie Schlaf und Sport. Vermeiden Sie Selbsttröstungen durch vermehrten Alkohol und Essen oder übermäßiges Arbeiten.

Viele der in der zweiten Aufgabe genannten Punkte, wie täglich festgelegte Trauerzeiten, vielleicht der Besuch einer Gesprächsgruppe und andere, bleiben auch in dieser dritten Aufgabe bestehen. Im Laufe der Zeit werden Sie durch verschiedene Gedenktage mit dem Tod Ihres Kindes konfrontiert. Kindsspezifisch sind der Jahrestag des Todes, der Tag der (errechneten) Geburt Ihres Kindes, der Jahrestag der Bestattung. Hinzu kommen noch kalenderspezifische Gedenktage wie Karfreitag, Ostern, Muttertag, Vatertag, 2. Sonntag im Dezember (»World wide Candlelight« als Erinnerung an die zahlreichen früh verstorbenen Kinder). Lassen Sie sich auf die Kontakte und Veranstaltungen ein, die Sie für sich kräftemäßig für zumutbar halten. Überfordern Sie sich nicht, und unterfordern Sie sich nicht.

*Ein Wort an Verwandte und Freunde:* Trauer ist kein Sprint, sondern ein Marathon. Die Trauer braucht Zeit, meist mehr als einige Monate. Unterstützen Sie die Eltern auch dann noch, wenn die ersten Tage und Wochen längst vorbei sind. Gleichzeitig ist es für die Betroffenen wichtig, langsam auch andere Lebensbereiche neu anzugehen. Wo dies anhaltend unterbleibt, Menschen in der

Trauer stecken bleiben und nicht weitere Schritte gehen, ist der Hinweis auf fachkompetente Beratung von Trauernden wichtig.

### *4. Aufgabe: Dem/Der Verstorbenen einen neuen Platz im Leben geben und sich dem Leben wieder neu zuwenden*

Der Trauerweg ist persönlich sehr unterschiedlich. Das gilt sowohl für die eigene Art, diesen Weg zu gehen, als auch für die Dauer. Gleichzeitig besteht für jeden die Gefahr, in der Trauer stecken zu bleiben und sich dem Leben nicht neu zuzuwenden. Ein guter Zeitpunkt, den eigenen Trauerweg zu überprüfen, ist ein Jahr nach dem Tod des Kindes. Die Jahreszeiten haben sich im Laufe der Zeit verändert, die verschiedenen Gedenktage haben sich gejährt. Das Ergebnis dieser Bilanz ist offen. Wichtig ist, sich selbst ehrlich zu hinterfragen. Wenn der persönliche Weg noch Zeit braucht, ist das notwendig. Aber wenn Sie in der Trauer stecken geblieben sind – dann wird fachlich kompetente Beratung erforderlich.

Sich dem Leben neu zuwenden geht über die »Überlebensstrategie« der vorherigen Zeit hinaus. Es entsteht neues Interesse an anderen Menschen, an neuen Herausforderungen. Erst langsam, dann immer mehr. Das hat nichts mit einer geringeren Wertschätzung Ihres verstorbenen Kindes zu tun. Auch ist es kein Fehler, das verstorbene Kind gedanklich nicht mehr so anhaltend präsent zu haben wie vorher. *Weinen hat seine Zeit, Lachen hat seine Zeit, Zeit fürs Klagen und Zeit fürs Tanzen* (Sprichwörter 3, 4). Es gehört zum menschlichen Leben dazu, dass die Zeit des Lachens nach der Zeit des Weinens kommt. Diese Zeit kommt von allein, sie kann nicht erzwungen oder befohlen werden.

Für Eltern, die mit dem Tod des Kindes gleichzeitig die Perspektive eigener Kinder verloren haben, stellt sich nahezu automatisch die Frage: Gibt es ein erfülltes Leben ohne eigene Kinder? *Als Hannah keine Kinder bekam, sagte ihr Mann Elkana zu ihr: »Hannah, warum weinst du, und warum isst du nicht? Und warum ist dein Herz so traurig? Bin ich dir nicht mehr wert als zehn Söhne?«* (1. Samuel 1, 8). Nur wenn wir es als alleinigen Sinn unseres Lebens festlegen, Kinder zu bekommen, kann es kein erfülltes, sogar kein sinn-volles Leben ohne (eigene) Kinder geben. Haben Sie den Mut zu fragen, welche anderen Aufgaben für Sie lebensfüllend sein können.

Falls Ihnen von Gott ein weiteres Kind geschenkt wird, kann es nicht den Platz des verstorbenen Kindes einnehmen. Auch dieses weitere Kind ist einzigartig, mit eigenen Wegen und Zielen im Leben. Niemand kann das verstorbene Kind ersetzen.

## *5. Aufgabe: Die Zukunft erwarten*

In der Zukunft wird die Trauer enden, weil Gott es verspricht: *Und er (Gott) wird jede Träne von ihren Augen abwischen, und der Tod wird nicht mehr sein, noch Trauer, noch Geschrei, noch Schmerz wird sein* (Offenbarung 21, 4). Das beinhaltet nicht nur das Ende der Trauer, sondern auch das Wiedersehen mit dem Kind bei Gott. Jetzt sind wir von unseren Kindern getrennt, dann wird diese Trennung bei Gott beendet werden.

Dieses Getrenntsein auf Zeit ist schmerzhaft und fordert uns heraus. Wir leben jetzt von der Hoffnung (Römer 8, 24), das Ziel der Familienzusammenführung bei Gott ist noch nicht erreicht, steht uns aber bevor. Diese Perspektive kann ein echter Trost sein, keine Vertröstung. Gott ist uns auch jetzt schon in unserem Leid nah (Psalm 23, 4). Sowohl im Leben als auch im Tod ruft Gott uns zu: *Fürchte dich nicht! Ich bin der Erste und der Letzte und der Lebendige. Ich war tot, doch nun lebe ich in alle Ewigkeit, und ich habe die Schlüssel zum Tod und zur Unterwelt* (Offenbarung 1, 17).

*Tobias Rautenberg*
*Ev. Seelsorger, verheiratet, ein Kind, ausgebildeter Sterbebegleiter, Fortbildung als Trauerbegleiter*

# *Der frühe Tod eines Kindes*

## *Fehlende Worte*

*Eine Frau, die ihren Mann begräbt, wird Witwe genannt, ein Mann, der ohne seine Frau zurückbleibt, Witwer. Ein Kind ohne Eltern ist eine Waise. Wie aber heißen Vater und Mutter eines gestorbenen Kindes?* (Thomése, 2004.)

Eine schwangere Frau ist »in der Hoffnung«. Diese Redewendung ist etwas aus der Mode geraten. Die heutige Zeit ist geprägt von Kontrollen, Wahl und Sicherheit. Vorgeburtliche Untersuchungen werden bei fast jeder schwangeren Frau vorgenommen, Ultraschalluntersuchungen sind selbstverständlich und vermitteln den werdenden Eltern nicht selten, dass »alles in Ordnung« ist.

Dank großer medizinischer Entwicklungen ist die Kindersterblichkeit in der zweiten Hälfte des letzten Jahrhunderts in unseren Breitengraden massiv gesunken. Die Grenze der Lebensfähigkeit von Frühgeborenen hat sich durch immer neue und wirksamere medizinische Unterstützungsmöglichkeiten nach vorne verschoben; heute können mit intensivmedizinischen Interventionen zum Teil Kinder ab der 23. Schwangerschaftswoche überleben.

Was bedeuten kontrollieren, wählen, intervenieren und sicher sein angesichts von Geburt und Tod?

Im heutigen Kontext von wachsender Machbarkeit werden Machtlosigkeit und Schicksalsakzeptanz zunehmend schwieriger. Werdende Eltern vertrauen neun Monate lang auf Untersuchungs- und Testresultate. Sie wissen, dass nicht alles kontrolliert werden kann, und doch sind sie bei jedem Ergebnis erleichtert und froh, wenn es positiv ausfällt. Sie bereiten sich auf die Geburt ihres Kindes vor, auf ihr Leben mit dem Kind. Sie sind voller Pläne, Wünsche, Ideen, wie ihr Leben mit dem Kind aussehen soll. Sie bereiten sich vor auf Begrüßung, auf Zeit mit dem Kind, auf Leben. Was, wenn sie nach der Begrüßung gleich wieder Abschied nehmen müssen, wenn statt vieler erhoffter Ereignisse nur wenige gemeinsame Stunden bleiben, wenn statt Leben der Tod mitten im Zentrum steht? Wie jetzt Eltern sein, Eltern eines toten Kindes?

### *Aus heiterem Himmel ...*

Der Anruf kommt am Sonntagabend: Frau W. ruft ihre Hebamme an, weil sie sich Sorgen macht um ihr Kind. Sie hat den ganzen Tag keine Bewegungen des Kindes gespürt. Den Tag über hat sie sich immer wieder selbst beruhigt, war auch abgelenkt durch die größeren Kinder. Jetzt ist sie beunruhigt und wünscht eine Kontrolle.

Frau W. erwartet ihr drittes Kind. Sie ist im achten Monat schwanger, bisher verlief die Schwangerschaft ohne Probleme. Die beiden älteren Kinder hat sie zu Hause geboren, auch während dieser Schwangerschaft wird sie durch die freiberufliche Hebamme betreut, die für sie und ihre Familie bereits eine Vertraute ist.

Jetzt fährt die Hebamme zu Familie W. nach Hause, um die Herztöne des Kindes zu kontrollieren. Sie kann auch nach mehrmaligen Versuchen mit dem Herztongerät keine Herztöne hören. Frau W. beginnt zu weinen und sagt dann, dass sie schon seit drei Tagen »kein gutes Gefühl« habe und etwas ahne.

Jetzt ist eine weitere Untersuchung nötig. Frau und Herr W. fahren in die Geburtsklinik der nahen Stadt, um eine Ultraschalluntersuchung machen zu lassen. Auf der Geburtsstation werden sie von der Dienst habenden Hebamme und dem Stationsarzt bereits erwartet, ihre Hebamme hat sie angemeldet. Die vom Arzt durchgeführte Ultraschalluntersuchung bestätigt, was alle bereits befürchtet haben: Das Kind im Bauch von Frau W. lebt nicht mehr.

Auch die Hebamme und der Arzt haben keine Worte. Ihre Aufgabe ist es, Gesundheit zu unterstützen, Krankheiten zu bekämpfen, Leben zu erhalten. Der Tod des Kindes zeigt auch ihnen ihre Machbarkeitsgrenzen, ihre Ohnmacht. Ihre Aufgabe ist es jetzt, mit den Eltern das Unfassbare auszuhalten, sie zu begleiten und in der ersten Zeit des Schmerzes zu unterstützen. So tun sie wieder, was ihre Berufsaufgaben sind: Sie unterstützen die Eltern darin, Schritt für Schritt den Prozess zu durchleben, indem sie ihnen zeigen, was möglich ist und was hilfreich sein kann. Sie unterstützen einen physiologischen Trauerprozess.

### *Begrüßung kommt vor dem Abschied*

Frau W. möchte am liebsten gleich in der Klinik bleiben, sagt, dass jetzt ein Kaiserschnitt das Beste sei und sie so alles schnell hinter sich bringen könne. Ihr Mann unterstützt sie bei diesem Wunsch. Er will einfach, dass dieser Albtraum bald ein Ende hat.

Diesem Wunsch liegt ein noch tieferer zugrunde: ungeschehen machen wollen, was ist. Die Reaktion, möglichst schnell zu handeln, einfach etwas zu tun, ist häufig, sowohl bei den Eltern als auch bei den involvierten Fachpersonen. Jedoch werden meistens ganz am Anfang die Weichen für den weiteren Verlauf des Prozesses gestellt. Kommt es zu überstürztem Handeln, fehlt die Zeit, Schritt um Schritt das Kommende zu erleben. Eltern bereuen oft im Nachhinein, dass sie die sowieso schon viel zu kurze Zeit mit ihrem Kind selbst noch verkürzt haben.

Der Dienstarzt erklärt Frau und Herrn W., dass es aus medizinischer Sicht keinen Grund gibt, sofort zu handeln. Er informiert sie, welche Kontrollen bei Frau W. in den nächsten Stunden und Tagen nötig seien.

Bei der Erwähnung von »Stunden bis Tage« realisiert Frau W. erst, dass ja die Geburt ihres Kindes bevorsteht, dass sie ja eine Hausgeburt geplant hatte und keinen Kaiserschnitt im Spital, dass ihre älteren Kinder noch gar nicht wissen, dass ihr Geschwisterchen tot ist …

Die Klinikhebamme beantwortet dem Paar viele Fragen: Was, wenn die Geburt nicht von selbst losgeht? Ist es überhaupt möglich, die Wehen unter diesen Umständen auszuhalten? Was geschieht mit ihrem Kind nach der Geburt? Wo wird es sein? Muss es untersucht werden? Kann es beerdigt werden?

Mit diesen Fragen wird für alle Beteiligten deutlich, dass jetzt alles Schritt um Schritt geht, dass viele Entscheidungen anstehen. Die Eltern realisieren, dass dies die einzige noch bleibende gemeinsame Zeit mit ihrem Kind ist.

Neben den Fragen, die die Hebamme den Eltern beantworten kann, ist *eine* Frage immer präsent: Warum? Warum unser Kind? Warum so? Warum? Immer wieder: Warum?

Diese Frage bleibt und begleitet die Eltern in ihrem weiteren Leben. Eine Antwort von außen wird es kaum geben, der Umgang mit der Frage jedoch wird sich mit der Zeit wandeln.

Die Mitteilung vom Tod ihres Kindes löst bei den Eltern eine Distanz zu ihrem Kind aus, nicht selten auch zu sich selbst. Dies ist eine natürliche Reaktion. Sie müssen zuerst die »Fäden wieder aufnehmen«, die sie mit der Realität verbinden. Die Klinik bildet oft eine Art Ausnahmezustand. Zu Hause in der vertrauten Umgebung ist es eher möglich, mit sich selbst wieder in Kontakt zu kommen und sich dann auch wieder als Eltern des Kindes zu erleben.

Frau und Herr W. verlassen spätabends das Spital und fahren nach Hause. Sie haben noch mit ihrer Hebamme telefoniert und sich mit ihr für den nächsten Morgen verabredet. Sie schlafen in dieser Nacht wenig. Immer wieder erzählen sie einander, wie sie sich vorgestellt hatten, mit drei Kindern zu leben, wie sie schon alles vorbereitet hatten. Es kommen auch Momente des Zweifelns: Zu Beginn der Schwangerschaft hatten sie sich nicht nur gefreut auf dieses Kind, sie hatten Bedenken, ob sie das alles schaffen würden, ob sie wirklich noch einmal von vorne anfangen wollten. Jetzt lasten diese damaligen Zweifel schuldvoll auf ihnen.

Am Morgen kommen Anja und Felix, ihre größeren Kinder, zu ihnen ins Schlafzimmer und sind erstaunt, dass ihr Papa zu Hause ist. Anja muss nicht in den Kindergarten. Die Eltern erzählen ihnen, dass das Baby im Bauch der Mutter nicht mehr lebt. Sie weinen beide, als sie ihren Kindern das mitteilen. Felix will sogleich wissen, ob er denn jetzt keinen Bruder zum Spielen bekommt. Anja streichelt den Bauch ihrer Mutter und fragt, ob das Baby krank sei.

Im Gespräch mit der Hebamme wird Frau W. klar, dass sie für die Geburt ihres Kindes noch nicht bereit ist. Sie will erst einmal abwarten, ob die Wehen von selbst einsetzen. Und sie will die Zeit des Wartens nutzen, um sich auf die Begrüßung ihres Kindes vorzubereiten. Wer soll dabei sein? Wo soll das Kind auf die Welt kommen?

In den nächsten zwei Tagen wechseln sich Gespräche, Besuche und Vorbereitungen mit Zeiten der Stille und der Tränen ab. Die Großmutter des Babys strickt das Kleidchen fertig, das sie mit viel Freude angefangen hat. Anja und Felix malen für das Baby bunte Bilder. Herr W. hat sich an seinem Arbeitsplatz gemeldet und gesagt, was passiert ist. Er hat bis auf Weiteres frei. Er ist froh um dieses Angebot, wäre es ihm doch gar nicht möglich, so seine Arbeit zu verrichten. Frau W. lässt sich einmal pro Tag von ihrer Hebamme massieren, das hilft ihr, mit ihrem Körper und mit dem Baby im Bauch in Kontakt zu sein.

In der dritten Nacht setzen bei Frau W. die Wehen ein. Die Geburt beginnt. Da sie sich in der Zeit des Wartens entschieden hat, auch ihr drittes Kind zu Hause zu gebären, informiert sie ihre Hebamme. Ihre Schwester kommt ebenfalls, um für die größeren Kinder da zu sein.

Am frühen Morgen kommt Luisa zur Welt – im Haus ihrer Familie, am Ort, wo alles für sie vorbereitet ist. Frau W. schaut ihre Tochter lange an, dann nimmt sie sie in die Arme und wiegt sie. Ihr Mann holt Anja und Felix dazu. So sitzen sie alle auf dem großen Bett, reden und schweigen, lachen und weinen, sind stolz und traurig zugleich.

Es mag Außenstehende erstaunen, wenn von Lachen und Stolz bei der Geburt eines toten Kindes die Rede ist. Das Erleben der Geburt löst in der gebärenden Frau alle Reaktionen des Mutterseins aus. Die hormonellen Ausschüttungen bereiten sie vor, ihr Kind zu schützen, zu nähren und ihm Zuneigung zu schenken. Die Hormone bewirken auch eine euphorische Stimmung. Auch der Vater und alle nahen Mitbeteiligten können von dieser Euphorie und der starken Emotionalität erfasst werden. Es gibt Momente, wo Eltern sich einfach als Eltern erleben und der Schmerz des Verlustes für Augenblicke in den Hintergrund tritt.

Die nächsten drei Tage bleibt Luisa im Haus von Familie W. Verwandte und Freunde kommen zu Besuch, sitzen mit der Familie zusammen, weinen mit ihnen und erleben gemeinsame Momente mit ihnen und Luisa. Viele Fotos werden gemacht, die Kinder singen Luisa Lieder vor und erzählen ihr von ihrer Kinderwelt.

Es wird keine Fotos geben von gemeinsamen Ferien, von Geburtstagsfeiern, vom ersten Schultag von Luisa. Wenn ein älterer Mensch stirbt, gibt es gemeinsame Erlebnisse, Erinnerungen, zugehörige Gefühle. Stirbt ein Kind schon während der Schwangerschaft, bleiben den Eltern nur die kurze Lebenszeit mit dem Kind im Bauch und die Momente von der Geburt und der Zeit danach mit ihrem toten Kind. Umso wichtiger ist es, diese kurze Zeit mit ihren Angehörigen zu teilen. Sie werden die Eltern mit mehr Verständnis und Mitgefühl in ihrem weiteren Leben begleiten können; und sie sind selbst auch betroffen: als trauernder Großvater, als Patin, als Bruder und Schwester.

Luisa wird auf dem Dorffriedhof beerdigt. Zur Abschiedsfeier kommen viele Verwandte und Freunde, auch viele Kinder. Die Pfarrerin gestaltet die Feier zusammen mit den Eltern. Sie hat auch schon Anja und Felix getauft. So begleitet auch sie, wie die Hebamme, die Familie bei Begrüßungs- und Abschiedsmomenten.

Die Hebamme kommt in der folgenden Zeit noch regelmäßig für Hausbesuche. Sie kontrolliert die körperlichen Rückbildungsvorgänge bei Frau W. Die Brüste sind voller Milch, Tränen des Körpers über den Verlust des Kindes. Und der Bauch ist so leer!

Auch eine Frau, die ihr totes Kind geboren hat, ist eine Wöchnerin. Das Respektieren dieser Tatsache und die entsprechende Betreuung tragen dazu bei, dass sie sich als Mutter erleben kann und sowohl ihrem Körper als auch ihrer Seele Zeit zur Heilung der Wunden zugesteht.

## *Wohin fließt die Liebe?*

Nachdem die Wochenbettbetreuung durch die Hebamme abgeschlossen ist, die Besuche und Telefonanrufe weniger werden, Herr W. wieder arbeitet, realisieren die Eltern, dass sich die Rückkehr in den Alltag schwierig gestaltet. Vieles geht weiter wie vorher, und doch ist nichts mehr gleich. In den nächsten Monaten besucht das Paar regelmäßig eine Selbsthilfegruppe. Dort erlebt es Solidarität und Verständnis, findet es Raum für seine Trauer und wird durch die Erzählungen anderer betroffener Eltern ermutigt, dass sich der Schmerz wandeln wird und ein Weiterleben möglich ist.

Frau W. nimmt an einem Rückbildungskurs teil, der speziell für Frauen nach Kindsverlust angeboten wird. Dort findet sie nach und nach Versöhnung mit ihrem Körper, für den sie ein Gefühl von Versagen empfand. Auch bietet ihr diese Frauengruppe Raum für Gespräche und Austausch von tief greifenden Erfahrungen.

Und was braucht eigentlich Herr W.?

Im Leben der Familie W. hat Luisa ihren Platz. Im Wohnzimmer hängen ein Foto von ihr und Zeichnungen, die Anja und Felix für sie gemacht haben. Frau W. stellt immer frische Blumen auf das Tischchen davor, und jeden Sonntagmorgen brennt eine Kerze für Luisa auf dem Frühstückstisch. Wenn die Leute Anja fragen, wie viele Geschwister sie habe, sagt sie immer: »Zwei. Mit Felix kann ich spielen, und Luisa kam nur ganz schnell zu uns.« Nicht selten bleiben die Fragenden überrascht zurück.

Solche unterstützenden Umstände wie in der geschilderten Geschichte der Familie W. erleben lange nicht alle betroffenen Eltern. Mangelnde oder fehlende Unterstützung, zusätzlich verletzende Bemerkungen oder Verhaltensweisen, überstürzte Handlungen und verpasste Rituale, fehlende Erinnerungsstücke sind immer wieder genannte Gründe, die Eltern das Erleben des schmerzvollen Prozesses zusätzlich erschweren: … eine rasche Geburtseinleitung, der Abschied vom Kind bereits am Tag der Geburt, eine Entlassung aus der Klinik ohne Nachbetreuung, keine Fotos und Fußabdrücke des Kindes, mangelnde Informationen über Bestattungsmöglichkeiten, »Trostworte« wie »Beim nächsten Mal klappt es dann schon« oder »Es war ja noch so klein, ihr habt es ja noch gar nicht gekannt«.

Eine professionelle einfühlsame Begleitung ganz zu Beginn des Geschehens ist für den weiteren Verlauf weichenstellend. Sie beeinflusst das Erleben der Eltern wesentlich und führt zu Umständen, die einen gesunden Trauerprozess unterstützen, statt diesen durch zusätzliche Verletzungen, Verdrängung oder vermeintlich rasches Erledigen zu belasten. Das bedeutet, dass eine hilfreiche Begleitung der Eltern Präventivcharakter hat, was sich auf die Gesundheit der Eltern und Geschwister und auch auf die Paarbeziehung auswirkt.

### *Weinende Fachpersonen?*

Wie erleben Hebammen und ÄrztInnen den Tod eines Kindes? Wie begegnen sie den betroffenen Eltern? Wie gehen sie mit ihren eigenen Gefühlen um?

Was heißt »professionell begleiten«?

> »Wenn die professionellen Helfer nicht an jedem einzelnen Fall eines solchen Geschehens etwas, und sei es noch so gering, von grundsätzlichem Wert dazulernen, dann haben sie vielleicht sachgerecht gehandelt. Doch begegnet sind sie den Eltern nicht« (Hemmerich, 2000, S. 13).

Dieses Zitat macht deutlich, dass wir Fachpersonen auf allen Ebenen gefordert sind. Neben der geburtshelfenden Kompetenz und dem empathischen Begegnen stellt die komplexe Betreuungssituation hohe Anforderungen an uns in unserer Begleitfunktion. Wir sind auch mit den Grenzen der Medizin und des Machbaren konfrontiert. Wir sind, ebenso wie die Eltern, geprägt vom Zeitgeist des fast grenzenlos Möglichen, vom Trend »ewig jung« und der Verdrängung von Veränderung, Vergänglichkeit und Tod.

In unserer Funktion als professionell Begleitende sind wir immer auch Menschen mit einer eigenen Trauerbiografie, mit einem ganz persönlichen Umgang mit Verlust und Tod und mit soziokulturellen Prägungen. Im Berufsalltag bleiben uns meist wenig Zeit und Raum, um den eigenen Gefühlen in so einem Geschehen Platz einzuräumen – dies wohl vor allem auch wegen mangelnder Anerkennung von dessen Wichtigkeit.

Wann und wo darf ich weinen, dürfen die Eltern meine Tränen sehen? Meine ganz persönliche Erfahrung ist, dass ich Eltern gegenüber erst dann authentisch sein kann, wenn ich mich selbst als ganzen Menschen einbringe und meine Gefühle zu diesem Geschehen auch zeige. Dies macht eine Begegnung zwischen Menschen möglich. Daraus entsteht die Möglichkeit, professionell zu wirken und ganz persönlich auch einen lebbaren Umgang und eine Verarbeitungsform zu finden. Und letztendlich bereit zu sein, wieder Hebamme zu sein bei einer nächsten Geburt, mit Respekt und Vertrauen. In den letzten Jahren hat sich die Betreuung trauernder Eltern vielerorts stark verändert und verbessert. Dies wurde vor allem dadurch unterstützt, dass der Umgang mit der Thematik auch gesellschaftlich im Wandel ist und in vielen Kliniken Ressourcen wie Betreuungskonzepte, spezifische Weiterbildungen und persönliche Unterstützung zur Verfügung stehen. Wo diese unterstützenden Rahmenbedingungen fehlen, leisten Hebammen und ÄrztInnen nach wie vor Elternbetreuung unter schwierigsten Voraussetzungen und auf Kosten aller Beteiligten.

> »Trauerereignisse lösen eine Krise aus. Eine Krise ist nicht zu harmonisieren, sondern zu ordnen, damit sie ablaufen kann« (Canacakis, 1987).

Dieses Zitat von Jorgos Canacakis macht deutlich, was die Aufgabe von uns Betreuenden in erster Linie ist: einen Rahmen zu schaffen, in dem Eltern den Prozess von Geburt und Tod, von Elternsein und Trauer durchleben können. Und mit ihnen aushalten, dass »nichts mehr gemacht werden kann« … und doch so viele wertvolle Taten möglich sind.

*Franziska Maurer, Hebamme und Trauerbegleiterin*
*Fachstelle Fehlgeburt und perinataler Kindstod*

Fachstelle Fehlgeburt und perinataler Kindstod
Postfach 480, CH-3000 Bern 25
www.fpk.ch fachstelle@fpk.ch
Info-Tel.: 0041-31-333 33 60

- Information und Beratung für Fachpersonen und betroffene Eltern
- Vermittlung von Fachpersonen und Selbsthilfegruppen in der ganzen Schweiz
- Coaching und Weiterbildung für Fachpersonen aus verschiedenen Disziplinen
- Öffentlichkeits- und Lobbyarbeit

## *Literatur*

Beutel, Manfred, *Der frühe Verlust eines Kindes: Bewältigung und Hilfe bei Fehl-, Totgeburt und plötzlichem Kindstod*, Göttingen: Hogrefe, 2002

*M. Beutel, Prof. für Psychosomatische Medizin und Psychotherapie, beleuchtet die Thematik des frühen Kindstodes im individuellen Lebenskontext der betroffenen Eltern. Er geht bewusst auf die verschiedenen Situationen ein (Fehlgeburt, Schwangerschaftsabbruch, perinataler Kindstod und plötzlicher Kindstod) und erläutert auch das unterschiedliche Erleben von Müttern und Vätern. Die Ausführungen basieren auf zahlreichen wissenschaftlichen Untersuchungen und langjähriger Erfahrung in der Begleitung trauernder Eltern.*

Canacakis, Jorgos, *Ich begleite dich durch deine Trauer*, Stuttgart: Kreuz-Verlag, 1993

*J. Canacakis ist ein bekannter Trauerforscher und Leiter von Trauerseminaren und Weiterbildungsgruppen für TrauerbegleiterInnen. Das Buch spricht Trauernde sehr persönlich an und macht sie auf die Individualität des Trauerns und die Vielfältigkeit der Ausdrucksformen aufmerksam. Eine ideale Lektüre für frisch Betroffene und ihre Angehörigen.*

Canacakis, Jorgos, *Ich sehe deine Tränen: Trauern, klagen, leben können*, Stuttgart: Kreuz-Verlag, 1987

Hemmerich, Fritz Helmut, *In den Tod geboren. Ein Weg für Eltern und Helfer bei Fehlgeburt, Abbruch, Totgeburt*, Westheim: Hygias, 2000

*F. H. Hemmerich, Geburtshelfer, geht umfassend auf den ganzen Prozess des Erlebens betroffener Eltern ein. Er berücksichtigt dabei ihre individuelle Situation, das bisherige Erleben, die soziokulturellen Faktoren und ihren spirituellen Hintergrund. Der Prozess des Elternseins eines verstorbenen Kindes in den einzelnen Schritten und Phasen wird dargelegt und macht deutlich, wie vielschichtig und komplex dieser ist und entsprechende Begleitung erfordert.*

Lothrop, Hanna, *Gute Hoffnung – jähes Ende: Fehlgeburt, Totgeburt und Verluste in der frühen Lebenszeit: Begleitung und neue Hoffnung für Eltern*, 8. aktualisierte Aufl., München: Kösel, 2000

*H. Lothrop (1945–2000) war Psychologin und Therapeutin und selbst betroffene Mutter. Ihr Buch bietet betroffenen Eltern und involvierten Fachpersonen konkrete Informationen und Anregungen zur Gestaltung der Zeit mit einem sterbenden oder toten Kind. Durch die Erlebnisberichte betroffener Eltern und die ganz praktischen Ratschläge der Autorin gehört das Buch sicher zu den Grundlagenwerken in der Thematik des frühen Kindstodes.*

Thomése, P. F., *Schattenkind*, Berlin: Berlinverlag, 2004

*P. F. Thomése, Schriftsteller und betroffener Vater, vermittelt auf sehr berührende Art und Weise sein Erleben beim Tod seines Kindes.*

*Arbeiten, die im Herbst 2005 bei der Fachstelle FpK erschienen und dort erhältlich sind:*

*Wochenbett nach Kindsverlust. Theoretische Grundlagen und praktische Ansätze für die Hebammenarbeit*; Marie-Christine Gassmann und Franziska Maurer

*Wenn Geburt und Tod zusammenfallen. Arbeitshilfe für Seelsorgerinnen und Seelsorger bei Fehlgeburt und perinatalem Kindstod*; Detlef Hecking, kath. Theologe, und Clara Moser Brassel, ref. Pfarrerin

## *Begleitung durch eine Hebamme in der Folgeschwangerschaft*

In meinen ersten Berufsjahren erlebte ich in den Kliniken des Öfteren, dass wir das Kind nach einer Fehl- oder sogar Totgeburt den Eltern kaum zeigten, es sofort in eine Nierenschale legten und einfach in den Ausgussraum stellten. Von dort wurde es meistens direkt zur Autopsie weitergeleitet. Damals war man nämlich der Ansicht, dass eine Mutter noch keine wirkliche Beziehung zu ihrem Kind habe aufbauen können, wenn es so früh geboren worden sei. Sie brauche deshalb auch nicht groß Abschied zu nehmen. Aus dieser Sicht machten wir nicht viel Aufhebens und gaben der Frau höchstens Trost, dass es ein späteres Mal besser glücken möge. Einige Berichte in diesem Buch schildern das für die Betroffenen oberflächliche und zum Teil verletzende Verhalten deutlich.

Mir war es in diesen Situationen nie richtig wohl, habe ich doch als Bauernkind zusammen mit meinen Geschwistern über verstorbene Vögel, Kaninchen und Meerschweinchen getrauert und Begräbniszeremonien durchgeführt. Der Naturkreislauf von Werden, Sein und Vergehen wurde mir bereits als Kind vertraut. Freude und Trauer gehören zum Leben, und beides braucht einen achtsamen Umgang.

Zum Glück haben sich im Laufe der Zeit betroffene Frauen dafür eingesetzt, dass sie ihr totes Kind mindestens sehen und auch berühren, also bewusst von ihm Abschied nehmen durften. So fand in dieser Hinsicht langsam ein Umdenken statt. Eltern von fehl- oder totgeborenen Söhnen und Töchtern gründeten Selbsthilfegruppen. Sie trafen sich, um ihre Erfahrungen zu teilen und gemeinsam zu trauern. In der Folge wurden Gedenkstätten für solche Kinder eingerichtet, und seit einiger Zeit werden sogar öffentliche Gedenkfeiern durchgeführt.

Auch unter Fachleuten (Ärztinnen, Ärzte und Hebammen) hat ein Umdenken stattgefunden: Die Betroffenen erhalten heute mehr Unterstützung in diesen schmerzlichen Prozessen. Das hilft ihnen, mit ihrer Erfahrung besser umgehen zu können.

Seit 25 Jahren bin nicht mehr im Gebärsaal tätig, sondern in einer eigenen Hebammenpraxis für Geburtsvorbereitung, Rückbildungsgymnastik und Babymassage. Hinzu kommen Einzel- und Paarberatungen nach traumatischen Erfahrungen sowie Begleitungen und Massagen rund um Schwangerschaft, Geburt und der Zeit danach. Oft sind es auch Unterstützungen bei Folgeschwangerschaften nach Fehl- oder Totgeburten.

Dadurch erhalte ich Einblicke in die Gefühls- und Erlebniswelten von Frauen, die wesentlich weitergehen als es Hebammen möglich ist, welche die Frauen lediglich im Gebärsaal und während des kurzen Wochenbetts in der Klinik erleben. Was ich immer schon geahnt hatte, bestätigte sich: Mit unserem sachlichen Verhalten und rationalen Argumentieren wurden wir Fachleute während langer Zeit den Frauen bei Fehl- oder Totgeburten kaum gerecht.

### *Keine unbekümmerte Schwangerschaft nach Fehl- oder Totgeburt*

Eine Frau, die ein Kind durch Fehl- oder Totgeburt verloren hat, geht nicht mehr unbekümmert in eine weitere Schwangerschaft, weil die schmerzliche Erfahrung in ihr Spuren hinterlassen hat. So ist es normal, dass die Erinnerungen und Gefühle sie einholen oder gar bedrängen, wenn sie wieder schwanger ist. Einige trauern lange und tief und zögern Monate, bis sie sich eine neue Schwangerschaft zutrauen. Andere verhüten nicht und sind bereits nach kurzer Zeit wieder schwanger.

Viele Frauen haben bei einer Fehlgeburt oder bei einem intrauterinen Kindstod den Moment des Sterbens des Kindes nicht wahrgenommen. Zurück bleibt oft eine Verunsicherung in der Eigenwahrnehmung: Warum bemerkte ich es nicht? Wieso verdrängte ich meine Ahnung? Warum handelte ich zu spät? So ist es dann schwer, in einer weiteren Schwangerschaft wieder Vertrauen in die eigene Wahrnehmung zu haben.

Stellt die Frau fest, dass sie wiederum schwanger ist, laufen Unsicherheit und Angst mehr oder weniger als Begleiterinnen mit: Bleibt dieses Kind? Wird mein Körper es austragen können? Wie die Frau damit umgeht, hängt von vielen Faktoren ab, so zum Beispiel, welcher Typ sie ist (optimistisch, pessimistisch, realistisch), wie sie die vorangegangene Fehlgeburt betrauert, verarbeitet und losgelassen hat, wie lange das Verlust-Ereignis zurückliegt und nicht zuletzt wie verletzend und einschneidend der Verlust in ihrem Lebenskontext steht. Ist sie noch jung oder bereits um die 40 Jahre alt? Hat sie Frieden über das Geschehene gefunden oder begleiten sie nach wie vor Schuldgefühle?

Viele Frauen haben in einer Folgeschwangerschaft ein großes Bedürfnis nach Kontrollen: Sie verlangen von Ärztinnen und Ärzten häufigere Untersuchungen als üblich, wünschen, dass möglichst alle Tests gemacht werden, und streben nach Bestätigungen, dass alles gut läuft. Positive Untersuchungsresultate wirken jeweils für einen Moment beruhigend. Manchmal führen Ängste aber auch zum Gegenteil: Die Frau will möglichst keine speziellen Tests machen lassen und auch keinen Ultraschall. Das kann allenfalls ein Zeichen dafür sein, dass sie gar nicht wissen will, ob etwas nicht in Ordnung ist.

Belastend wird es für die meisten Frauen, wenn ihre Folgeschwangerschaft sich dem Stadium nähert, in dem sie ihr früheres Kind ›verloren‹ haben. Das führt oft zu einer Zitterpartie, bei der die Frau meist vermehrte Kontrollen durch die Ärztin oder den Arzt verlangt und eventuell auch psychologische Unterstützung durch eine Hebamme oder eine andere Fachperson sucht. So gelangen Frauen auf verschiedene Weise und in unterschiedlichen Stadien ihrer Schwangerschaft in meine Praxis.

Frauen, die mich aus früheren Schwangerschaften kennen, rufen mich in der Regel in der neuen Schwangerschaft schon früh an, besonders, wenn sie unter Ängsten oder körperlichen Beschwerden leiden. Andere treten mit mir in Kontakt, nachdem sie von ihrer Ärztin oder ihrem Arzt, einer Hebamme oder Bekannten auf mein Angebot aufmerksam gemacht wurden. Für die meisten ist bereits ein Telefongespräch mit mir hilfreich, bei dem sie ihrem Befinden Ausdruck geben können. Sie wenden sich in ihrer Besorgnis nach außen, setzen sich mit ihren Ängsten auseinander, statt ihnen zu unterliegen.

In meiner Hebammenpraxis sehen die Begleitungen unterschiedlich aus: Meistens kommt die Frau zu einem ersten Gespräch. Dabei bemühe ich mich, ihre Situation und Befindlichkeit gut zu erfassen. Danach erarbeite ich mit ihr zusammen eine mögliche Vorgehensweise. Die weitere Begleitung kann in Form von Gesprächen, Massagen, Wickeln, Geburtsverarbeitung und Geburtsvorbereitung geschehen, bei Wunsch auch mit Einbezug des Partners. Die Frauen kommen unterschiedlich oft zu mir, ganz ihren Bedürfnissen entsprechend. Hinzu kommen in kritischen Tagen zusätzliche Telefonate zur Unterstützung.

### *Begleitung ab einer frühen Schwangerschaft*

Mirjam S. befindet sich in der 17. Woche ihrer Schwangerschaft. Seit fünf Wochen muss sie sich mehr oder weniger schonen und viel liegen, weil sie einen unruhigen Bauch hat. Eine Freundin, die mich kennt, rät ihr, sich bei mir zu melden. Mirjam S. schildert ihre Situation:

»Ich bin zum fünften Mal schwanger. Meine erste Schwangerschaft endete mit einer Fehlgeburt in der neunten Woche. Vor sechs Jahren erwartete ich zum zweiten Mal ein Kind. Bis zur 30. Woche verlief die Schwangerschaft unproblematisch. Dann hatte ich zunehmend ein ungutes Gefühl. In der 31. Woche bekam ich Wehen und die Geburt war nicht mehr aufzuhalten. Weil unser kleiner Tim nur 1800 Gramm wog, musste er einige Zeit im Brutkasten in der Klinik verbringen. Er entwickelte sich danach gut. Das war für mich eine anforderungsreiche Zeit.

Vor drei Jahren war ich wieder schwanger. In der 20. Woche erlebte ich eine sehr belastende Zeit, weil meine Schwiegermutter einen Schlaganfall erlitten hatte. Vier Wochen später setzten plötzlich Wehen ein, die trotz Medikamenten nicht zu stoppen waren. Die Geburt war nicht mehr aufzuhalten. Mein Mann und ich entschieden uns, dass unser Kind nicht mit spitzenmedizinischen Massnahmen künstlich am Leben erhalten werden sollte. Es kam mit einem Gewicht von lediglich 650 Gramm lebend zur Welt. Im Bewusstsein, dass es nicht lange leben würde, hielten wir es in unseren Armen geborgen, bis sein schwaches Atmen nach einer Stunde erlöschte. Wir nahmen bewusst von ihm Abschied.

Die Frage nach dem Warum dieses Geschehens quälte mich nicht. Dennoch empfahlen mir Fachleute, psychologische Betreuung in Anspruch zu nehmen, um die Trauerarbeit zu unterstützen. Nach zwei Sitzungen sagte die Therapeutin zu mir: »Sie machen das so gut, Sie schaffen es ohne mich weiterzukommen.« Meine vierte Schwangerschaft endete in der achten Woche mit einer Fehlgeburt.

Meine jetzige Schwangerschaft ist in dem Sinn anders, als ich von Anfang an Ängste spürte. In der 17. Woche traten ohne ersichtliche Gründe Fieber, Durchfall und Rückenbeschwerden auf. Der Arzt verschrieb mir Beruhigungs- und wehenhemmende Mittel. Weil ich die Nebenwirkungen dieser Mittel aus der dritten Schwangerschaft kenne, bin ich nicht gewillt, diese Medikamente hoch dosiert und ständig einzunehmen. Wie soll es jetzt weitergehen?«

Ich zeige Verständnis für ihre Ängste und Bedenken. Im gemeinsamen Reflektieren über das ›Wie weiter?‹ wird klar, dass es für Mirjam S. nur einen Weg gibt weiterzugehen, nämlich sachte, offen und Schritt für Schritt. Ich ermutige sie, mit sich und ihrem Kind, dessen Bewegungen sie bereits spürt, in Kontakt zu sein.

Das heißt, die guten Augenblicke zu geniessen, ohne zu wissen, wie es in zwei Monaten oder später sein wird. Das heißt aber auch, die schwierigen Momente auszuhalten und wo möglich zu spüren, was sie jeweils ausgelöst hatte; auch zu überlegen, was jetzt gerade helfen könnte: Musik, Ablenkung, Telefonieren, Schreiben, Malen …

In den folgenden Tagen ruht Mirjam S. hauptsächlich und macht auf meine Anleitung hin oft Lavendelwickel, um den Bauch zu beruhigen. Nach einer Woche geht es bereits wesentlich besser. Der Arzt erlaubt ihr, die Medikamente abzusetzen, und stellt eine Verordnung für eine Begleitung durch eine freiberuflich tätige Hebamme aus.

Ab und zu mutet sich Mirjam S. zu viel zu, so dass sie am Folgetag vermehrt ruhen muss. Sie ist in ein tolles soziales Beziehungsnetz eingebettet: Abwechslungsweise kommen ihre Freundinnen zu Besuch, kochen für die Familie, reinigen im und ums Bauernhaus, tätigen Einkäufe und leisten ihr Gesellschaft. Eine ältere Bekannte, Atemtherapeutin von Beruf, verwöhnt sie zudem zu Hause wöchentlich mit einer Massage.

In der Zeit um die 24. Woche ihrer Schwangerschaft – also dem Zeitpunkt, an dem das dritte Kind nach einer Stunde Lebenszeit gestorben war – ist Mirjam S. verständlicherweise sehr angespannt. Sie kommt zu mir, macht sich große Sorgen, weil sie das Baby kaum mehr spürt. Nach Austausch und Reflexion der aktuellen Situation wünscht sich Mirjam S. eine Massage. Behutsam lege ich meine Hände auf ihren Bauch und frage: »Hallo Kleines, wie geht es dir heute?« In Kürze antwortet es mit feinen, aber klaren Bewegungen. Mirjam S. kann diese Bewegungen nicht spüren; erst gegen Schluss der Behandlung entspannt sie sich. Plötzlich sagt sie: »Wau, endlich spüre ich dich wieder gut, mein kleines Kind!«

Ein Besuch bei ihrem Arzt mit einer ›gründlichen‹ Ultraschalluntersuchung beruhigt sie einerseits. Andererseits stellt sie aber fest, dass das lange Schallen auf dem Bauch vermehrte Kontraktionen auslöst. Es folgt ein mühsamer Tag. In dieser ›kritischen‹

Phase ist es für Mirjam S. wichtig, oft mit mir zu telefonieren oder auch vorbeizukommen.

Ab der 28. Woche geht es ihr immer besser: Im Haushalt kann sie wieder einige Dinge selbst verrichten. Der sechsjährige Tim steht mit dem Baby rege in Kontakt, indem er den Bauch seiner Mami täglich mit Lavendelöl einmassiert und dem Baby Erlebnisse aus dem Kindergarten erzählt.

In der 34. Woche hat Mirjam S. eine weitere Kontrolle beim Arzt. »Jetzt ist alles so stabil, dass Ihr Kind wohl noch einige Zeit im Bauch bleiben wird«, meint er. In der folgenden Nacht bekommt Mirjam S. spontan kräftige Wehen. Sie spürt, dass es sich dabei um Geburtswehen handelt. Ihr Ehemann begleitet sie ins Spital. Innerhalb von vier Stunden ist der 2100 Gramm schwere Roy auf der Welt. Es geht ihm sehr gut. Er muss nicht in den Brutkasten gelegt werden und kann die Klinik nach drei Wochen verlassen. Seine Mutter kehrte fünf Tage nach seiner Geburt nach Hause. Sie besuchte ihn aber täglich und stillte ihn dort so oft wie möglich und später zu Hause voll.

Am dritten Tag besuche ich beide in der Klinik. Der kleine Roy liegt wach auf den Armen seiner Mutter, blinzelt immer wieder und hört unserem Gespräch zu, wie wenn er sagen wollte: »Ich kenne eure beiden Stimmen längst!«

Die Familie ist glücklich, nach fünf Schwangerschaften zwei gesunde Söhne zu haben. Mirjam S. äußert sich dankbar für meine Unterstützung durch diese Schwangerschaft. Für mich war die Begleitung eine Bereicherung. Mirjam S. war sehr offen, lernte ihren Körper gut spüren und war in der Lage, ihre Befindlichkeit und vor allem auch ihre Bedürfnisse zu äußern und achtsam mit sich umzugehen. Zu Beginn der Sitzungen fragte ich sie jeweils, was sie sich von mir wünsche. Ihre Antwort war meistens: »Ihre Anteilnahme, Ihre Zuversicht und eine entspannende Massage.«

Susanne A. kommt in der 30. Woche ihrer Schwangerschaft zu mir in die Beratung. Sie hat vorzeitige Wehen und leidet unter Ängsten, dieses Kind auch wieder zu verlieren. Ihr erstes Kind war nämlich in der 33. Woche ihrer Schwangerschaft im Bauch gestorben. Sie schildert mir detailliert ihre Geschichte. Ihren jetzigen Zustand empfindet sie als wirr, mit vielen lähmenden Gefühlen. Zusammen ordnen wir im Gespräch, was war und was jetzt ist. Das hilft ihr, den inneren Wirrwarr etwas zu entflechten.

Susanne A. hat bisher noch keine Vorbereitungen für die Geburt und für das Kind getroffen. Auch merke ich, dass sie sich scheut, mit dem heranwachsenden Kind Kontakt zu pflegen. Deshalb ermuntere ich sie, bewusst mit ihm Kontakt aufzunehmen und ihm ihre Freude über sein Wachsen mitzuteilen, mit ihm aber auch ihre Trauer über den Verlust des ersten Kindes zu teilen. Beides gehört zu ihrem Leben. Im Weiteren ermutige ich sie, zu Hause ein Bild über die erste, schwere, mit Eingriffen belastete Geburt zu malen.

Eine Woche später kommt sie wieder zum Gespräch. Es geht ihr merklich besser. Sie hatte nicht mehr so häufig Wehen und war erstaunt, wie lebhaft ihr Kind jeweils reagierte, wenn sie zweimal am Tag einen feuchtwarmen Lavendelwickel auf ihren Bauch legte, ruhig atmete, Musik hörte und einige Minuten in einem Zwiegespräch mit ihrem Kind verweilte.

Susanne A. hatte auch ein Bild über die erste Geburt gemalt. Wir betrachten es gemeinsam. Zu sehen ist eine helle Figur, umgeben von dunklen Farbtönen. Sie kommentiert: »Die hellen Farben symbolisieren die liebevolle Unterstützung durch die Begleitpersonen (Hebamme, Arzt, Ehepartner) in der notvollen, schmerzlichen Situation, als ich Philipp tot gebären musste.« Beim Betrachten entdeckt sie im hellen Teil ihres Bildes plötzlich die Figur eines Engels und meint: »War er wohl stets da, in diesen schwierigsten, dunklen Stunden meines Lebens, und ich habe ihn nur nicht bemerkt?« Mit dieser Entdeckung gibt es eine Art

Durchbruch für Susanne A. Ihre Zuversicht steigt. Sie sagt: »Ich will den Engel jetzt bewusst mitnehmen in die kommende Zeit!«

Die weiteren Wochen verlaufen nicht ohne Gefühlsschwankungen, aber doch ohne größere Krisen. Insgesamt ist Susanne A. ruhiger und zuversichtlicher geworden. Ich unterstütze sie weiterhin mit Gesprächen und Massagen, und an zwei Abenden stimme ich sie mit ihrem Ehepartner auf die Geburt ein. Daraus resultieren Wünsche für eine selbstbestimmte Geburt. Sie verfasst einen Geburtsplan, den sie mit ihrem Arzt und der leitenden Hebamme der Klinik bespricht. Ihre Ängste weichen mehr und mehr, und an deren Stelle treten Vorfreude und Neugier auf das bevorstehende Ereignis. Eine Woche vor dem errechneten Termin bringt Susanne A. spontan und unkompliziert einen gesunden Raffael zur Welt.

Dieses Beispiel zeigt, was geschehen kann, wenn eine Frau fachliche Unterstützung erhält: Sie gestaltet den laufenden Prozess aktiv, statt in lähmenden Ängsten zu verharren.

### *Unbeachtete Aspekte hervorholen*

Viele Frauen können ihre Erinnerungen und Gefühle verbal nicht gut beschreiben. In diesem Fall kann Malen eine Möglichkeit sein, sich nonverbal mitzuteilen. Mit Farben, Formen und Figuren lässt sich unter Umständen viel klarer ausdrücken, was verborgen ist. So setze ich diese Möglichkeit häufig ein. Dabei stelle ich immer wieder fest, dass die Frauen beim Malen ihrer früheren Geburts- oder anderer schwieriger Erlebnisse wichtige Zusammenhänge erkennen; Aspekte, die unbeachtet waren und doch in der neuen Situation von grosser Bedeutung sind, um vorwärts zu kommen. Bilder malen hilft oft, Dunkles hervorzuholen, darüber zu reflektieren und dadurch Ängste in lebensförderndes Vertrauen und Zuversicht zu verwandeln, vor allem aber auch Ressourcen zu entdecken.

Nicht selten entgegnet mir eine Frau auf den Vorschlag, ein

Bild zu malen: »Ich konnte in der Schule nicht gut zeichnen, ich denke, das kann ich nicht!« Ich ermuntere sie dann stets: »Machen Sie doch einen Versuch. Sie müssen nicht gegenständlich zeichnen: Spielen Sie doch einfach mit Farben und Formen und drücken Sie damit Gefühle und Empfindungen aus!« Was dabei herauskommt, begeistert und fasziniert mich immer wieder, und es verblüfft oft auch die Frau. Aus einem dunklen Moment ihres Lebens bahnt sie sich einen Weg zur Vielfalt ihrer Gefühle.

Oft haben die Frauen nur das Traurige, die dunklen Aspekte des Ereignisses in Erinnerung. Das Malen macht sie jedoch auch auf die hellen und positiven aufmerksam, wie der Engel im Beispiel von Susanne A. So entsteht durch das Malen nochmals ein tiefer Zugang zu den Wunden und zur bedrückenden Geschichte. Gleichzeitig geschieht aber auch eine Befreiung von der destruktiven Macht der notvollen Erfahrung. Es ist wie Laub wegräumen auf dem Erdboden, damit die Sonne wieder neue Blumen hervorlocken kann. Das ist eine Art Heilung der Erinnerung.

### *Schritt für Schritt weitergehen*

Jede Frau ist einmalig, jede Begleitung individuell. Ich füge hier einige Hinweise an, die Frauen in der Folgeschwangerschaft helfen können, mit dem Spannungsfeld »Angst – Vertrauen« umzugehen. Ich ermutige die Frau,

- anzuerkennen, dass sie mit ihren schwierigen Erlebnissen verletzbarer ist als eine schwangere Frau ohne Verlusterfahrung(en);
- zu bejahen, dass Ängste normal sind und dass sie an einem Tag mehr, am anderen Tag kaum spürbar sind;
- Ängste zu entmachten, indem sie sich mit ihnen auseinander setzt, wie ich es in den Beispielen erwähnt habe;
- selbst herauszufinden, was ihr in der jeweiligen Krise bzw. Angstattacke gut tun könnte, zum Beispiel sich hinlegen, aus-

ruhen, entspannende Musik hören, bewusst mit dem neu erwarteten Kind Kontakt aufnehmen oder in der Unruhe an die frische Luft gehen, sich an der Natur erfreuen, auf neue Impulse horchen, eine gute Freundin anrufen usw. Das wird dann ihr persönlicher »Notfallkoffer«.

- Ängste und Freuden, Hoffnung und Trauer bewusst mit dem ungeborenen Kind im Bauch zu teilen;
- ein Tagebuch zu führen für das ungeborene Kind und mit ihm Freude und Hoffnung, aber auch Trauer um sein Geschwister so zu teilen. Eine Frau kann aber auch ein Tagebuch für das fehl- oder totgeborene Kind führen oder weiterführen. Tagebücher sind oft eine Hilfe, um wirre Gedanken ordnen zu können;
- Rituale durchzuführen, wie eine Kerze für das verstorbene Kind anzuzünden oder für das neu erwartete Kind zu stricken oder zu basteln;
- Schritt für Schritt vorwärts zu gehen.

Spricht die Frau von hilfreichen Beziehungen und Erfahrungen in der Kirche bzw. in der christlichen Gemeinde, ermutige ich sie, Handlungen wie Segnungen und Salbungen in Anspruch zu nehmen: für sich und das Baby, für Schwangerschaft und Geburt sowie die ganze Familie.

Was kann einer schwangeren Frau außerhalb der Begleitung durch Fachpersonen weiterhelfen? Wertvoll sind Menschen, die Zeit für sie haben, ihr zuhören, die sie mit ihren Ängsten und ihrem Zwiespalt aushalten, die sie ernst nehmen und ermutigen, so dass sie ihr inneres Gleichgewicht und ihre Ressourcen immer wieder finden kann.

### *Partnerschaft und Sexualität*

In meiner Beratungstätigkeit kommt häufig zum Ausdruck, dass sich Frauen in ihrem Trauerprozess durch ihren Partner wenig verstanden fühlen. Das hat Auswirkungen auf Partnerschaft und

Sexualität. Deshalb ist es mir wichtig, hier noch ein paar Gedanken zu diesen Themen anzufügen:

Frau und Mann trauern unterschiedlich. Beim frühen Verlust eines Kindes unterscheidet sich das Erleben der Frau und des Mannes vor allem durch die unterschiedliche Bindung zum Kind. Während für den Vater eine nahe Bindung zum Kind oft erst bei der Geburt durch das Sehen und Berühren des Kindes beginnt, steht die Mutter bereits während der ganzen Schwangerschaft in einer physisch und psychisch tieferen Verbindung mit dem Kind. »Die Intensität des Schmerzes ist proportional zur Intensität der vorangegangenen Bindung«, schreibt Hannah Lothrop in ihrem Buch »Gute Hoffnung – jähes Ende«. So ist es nicht verwunderlich, dass Frauen oft tiefer und länger trauern als ihre Partner.

Viele Paare sind auch sehr unterschiedlich in ihrer Persönlichkeit. Das ist in manchen Lebenssituationen spannend und interessant. In Stresssituationen – und ein Verlust ist Stress – treten aber oft die Schattenseiten auf, die das Paar voneinander nicht schätzt und die zuvor vielleicht nur selten aufgetaucht sind. Viele Männer scheinen nach außen hin weniger betroffen zu sein als ihre Frauen. Das entspricht aber oft nicht den Tatsachen.

Trauer ist kein statischer Zustand, sondern ein Prozess, der verschiedene Phasen hat. Sie wirkt sich in den verschiedenen Stadien physisch und emotional unterschiedlich aus. So durchlaufen keine zwei Menschen den Prozess des Trauerns im gleichen Tempo.

Die jeweilige Persönlichkeit der Trauernden beeinflusst also die Art des Trauerns. Extrovertierte Menschen haben oft das Bedürfnis, sich in der Trauer anderen mitzuteilen, introvertierte kehren eher still in sich. Selbst in einer liebevollen, harmonischen Beziehung ist der Trauerprozess etwas, was jeder Partner teilweise allein durchlaufen muss. So kann der eine im Anfangsstadium des Schocks und der Lähmung stecken bleiben, während der andere den Heilungsprozess durch Aktivität zu fördern sucht, um die Phase des intensivsten Schmerzes möglichst schnell hinter sich zu bringen.

Gefühle wie Freude, Angst, Wut und Trauer wirken sich immer

auf die Sexualität aus. Gewisse Gefühle wirken stimulierend, andere lähmen. Es gibt Frauen und Männer, die im Zustand der Trauer vorerst Abneigung gegenüber der Sexualität haben: Sie empfinden es als unpassend, Sexualität zu pflegen. Ein depressiver Zustand kann vorübergehend auch sexuelle Lustgefühle lähmen. Andere Paare hindern Schuldgefühle daran, einander sexuell zu begegnen. Manchmal wird die Sexualität aber auch dazu gebraucht, sich den Gefühlen der Trauer nicht stellen zu müssen.

»Im sexuellen Beisammensein können Paare unter Umständen aber auch für kurze Zeit aus dem Grübeln herauskommen und sich einander ganz nahe sein. Dadurch fühlen sie sich wieder an den Lebensfluss angeschlossen«, schreibt Hannah Lothrop im erwähnten Buch.

Diese Hinweise zeigen: Im Trauerzustand sind vorübergehende Störungen im Bereich der Sexualität bei Mann und Frau normal. Beide Partner können zeitweise außer Stande sein, die Reaktion des anderen zu verstehen.

Je behutsamer es beide schaffen, neu zueinander zu finden, desto mehr besteht die Chance, wieder zu einem aktiven Sexualleben zu finden. Frauen haben manchmal noch während Monaten keine Lust auf Sexualität, jedenfalls nicht auf die Wiederaufnahme der Art sexueller Begegnung wie bisher. Dennoch brauchen die meisten Frauen im Trauerprozess körperliche Nähe und liebevolle Geborgenheit ganz besonders. Viele trauen sich aber nicht, diesem Bedürfnis Ausdruck zu verleihen, weil sie befürchten, der Partner verstehe dies als sexuelle Annäherung und wolle weiter gehen als sie selbst. Andere Frauen aber brauchen gerade in größerem Maße Sexualität als zuvor, um sich selbst in ihrer Weiblichkeit weiter bestätigt zu fühlen. So kann die Sexualität die intimste Sprache sein, die zwei Menschen miteinander sprechen.

Es ist wichtig, dass beide Partner miteinander über die eigenen Ängste und Gefühle sprechen lernen, damit sie die Reaktionen des anderen nicht missverstehen. Mit Geduld, Toleranz und Verständnis lösen sich Probleme mit fortschreitender Heilung meistens wieder auf. Wenn diese im zweiten Jahr der Trauer jedoch weiterhin bestehen, sollte bei Fachleuten Hilfe gesucht werden.

Für eine neue Schwangerschaft muss nicht nur der Körper geheilt und bereit sein. Wichtiger ist es, dass die Frau bzw. das Paar seelisch in der Lage ist, sich in Liebe für ein weiteres Kind zu öffnen, für ein Kind mit eigener Identität und eigenem Namen, und nicht, um das verstorbene Kind zu ersetzen.

*Kathrin Antener-Bärtschi, Hebamme, Gasel bei Bern, CH*

*Kathrin Antener-Bärtschi ist verheiratet und hat zwei erwachsene Kinder. 1971 schloss sie in Bern die Ausbildung zur Hebamme ab. Anschliessend leitete sie in verschiedenen Berner Kliniken mehr als 1 000 Geburten. Seit 1985 ist sie freiberuflich als Kursleiterin für Geburtsvorbereitung, Rückbildungsgymnastik und Babymassage tätig. Neben Kursen bietet sie in ihrer Hebammenpraxis auch Massagen, Einzel- und Paarberatungen nach traumatischen Erfahrungen sowie Begleitungen rund um Schwangerschaft, Geburt und der Zeit danach an.*

# *Und Gott?*

## *Was sagt die Bibel über Schwangerschaft und Ungeborene?*

*Siehe, Kinder sind eine Gabe des HERRN, und Leibesfrucht ist ein Geschenk* (Psalm 127, 3).

Gott ist ein Gott des Lebens – sowohl im Alten als auch im Neuen Testament.

Gott wird als Schöpfer allen Lebens vorgestellt: ein Schöpfer, der das Leben will, der den Menschen ins Leben ruft, der Ja zu ihm sagt, der ihm seinen Odem, den Lebensatem, einhaucht. Ein Schöpfer, der über dem Menschen sein »Sehr gut« ausspricht.

Gott ist auch ein Gott, der auf der Seite der Armen, Elenden und Traurigen steht, der sich erbarmt. Das Wort Erbarmen hängt im Hebräischen eng mit dem Mutterleib zusammen, mit der Gebärmutter. Wenn Gott sich erbarmt, dann wird er im Innersten (im Mutterleib) berührt. Im Alten Testament erbarmt sich Gott wiederholt unfruchtbarer, kinderloser Frauen, sodass sie als Folge schwanger werden und ein Kind zur Welt bringen – meistens nicht nur eines. Gott besucht auch einzelne Frauen, und nach dem Besuch Gottes sind sie fruchtbar, werden schwanger (vgl. Sarah in Genesis 21, 1 sowie Hannah in 1. Samuel 2, 21).

Gott ist der, der den Mutterleib verschließt und öffnet (z. B. Genesis 29, 31; 30, 2; 1. Samuel 1, 5.6).

Im Alten Testament wird auch von dem, was im Mutterleib geschieht, gesprochen (vgl. Psalm 139, 13-16, Hiob 10, 8-12; 31, 15). Auch aus Gottes Perspektive ist davon die Rede, dass er uns gemacht und vom Mutterleib an gebildet hat und dass er sich um uns kümmert (Jesaja 44, 2.24; 46, 3).

Gottes Wirken an einem Menschen beginnt schon vor der Geburt! Er gibt manchem schon vom Mutterleib an einen Auftrag, eine Berufung – nicht erst im »ausgereiften« Alter: *Ehe ich dich im Mutterschoß bildete, habe ich dich erkannt, und ehe du aus dem Mutterleib hervorkamst, habe ich dich geheiligt: Zum Propheten für die Nationen habe ich dich eingesetzt* (Jeremia 1, 5; Lukas 1, 15). Warum sollte nicht auch schon ein Ungeborenes einen Auftrag haben und als Werkzeug Gottes gebraucht werden?

Auch wenn Gott ein Gott des Lebens und der Ursprung allen Lebens ist, so ist doch eine Schwangerschaft mit Beschwerden und eine Geburt mit Schmerzen verbunden. Ich glaube, dass nur Frauen, die selbst schon geboren haben, diese Schmerzen wirklich nachvollziehen und verstehen können. Und doch kann eine Frau bei einer Geburt sowohl die schrecklichsten Schmerzen als auch zugleich die größte Freude ihres Lebens erleben (Genesis 3, 16; Jeremia 4, 31; 13, 21; 22, 23; Johannes 16, 21). Jede Frau erlebt eine Geburt anders. Eine Geburt kann reine Freude bedeuten, aber auch zum Trauma werden.

Kinder zu haben ist für die Frauen und Männer in biblischer Zeit lebenswichtig. Kinder stellen ihre Ehre und ihre Altersversorgung dar. Eine unfruchtbare Frau gilt in den Augen ihrer Mitmenschen als von Gott gestraft. Der Wettstreit zwischen der kinderreichen Lea und der unfruchtbaren Rahel zeigt, wie existenziell Kinder für eine Frau damals sind (Genesis 29 + 30).

Viele Frauen und Männer, die uns in der Bibel begegnen, warten lange auf Nachwuchs:

Hannah betet im Tempel inständig um ein Kind und weiht es Gott (1. Samuel 1). Der Priester Eli verspricht ihr, dass Gott ihre Bitte erfüllen wird. Im Neuen Testament sagt der Engel zu Zacharias, dass sein Gebet erhört ist und Elisabeth einen Sohn gebären wird (Lukas 1, 13). Gott verheißt aber auch Paaren, die das Gebet wohl schon längst aufgegeben haben, Kinder, so Abraham (Genesis 15, 5; 18, 10) und den Eltern des Simson (Richter 13, 2+3).

Noch heute leiden viele Frauen und Paare unter Kinderlosigkeit, unter der Tatsache, nie schwanger zu werden oder ein Kind nach dem anderen zu verlieren.

Gottes besonderer Segen gilt aber auch diesen Frauen. Es gibt Situationen, in denen sogar kinderlose und unfruchtbare Frauen selig gepriesen werden im Vergleich zu den Schwangeren und Stillenden (vgl. Lukas 21, 23; 23, 28+29), und Galater 4, 27 weist für mich noch auf eine ganz andere – geistliche – Art von Mutterschaft hin, die über das biologische Muttersein hinausgeht.

Gott zählt die Tage jedes Ungeborenen – bevor es da ist, bevor es das Licht der Welt erblickt. Jeder einzelne Tag jedes Kindes, das zu früh auf die Welt kommt, das noch nicht einmal als Mensch erkennbar ist oder das kurz vor der Geburt stirbt, jeder Tag, jede Stunde sind gezählt (Psalm 139, 16).

In der Bibel sind Fehlgeburten kein Tabu. Tod und Leben, Gebären und Sterben, Schmerz und Freude liegen ganz nah beieinander (vgl. Prediger 3, 1 ff.).

Im Alten Testament ist jedoch ein gewisser Strafcharakter für eine Fehlgeburt zu erkennen bzw. der Lohn für Gehorsam, wenn eine Frau keine Fehlgeburt erlebt: *Keine Frau in deinem Land wird eine Fehlgeburt haben oder unfruchtbar sein* … (Exodus 23, 26).

Doch meines Erachtens geht es hier nicht um einen Automatismus: Unfruchtbarkeit – Gebet – Kind. Oder: Wenn du nur betest, dann wirst du schon schwanger. Man darf auch nicht schnell die Schlussfolgerung ziehen: Wenn du eine Fehlgeburt erlebst, dann ist das kein Segen und hängt mit Ungehorsam oder Sünde zusammen. Mit einer raschen Schlussfolgerung müssen wir hier vorsichtig sein!

Im Neuen Testament begegnen wir Jesus, der sich um Frauen und ihre Kinder kümmert.

Eindrücklich schildert Lukas den Bericht über die Segnung der Kinder durch Jesus (Lukas 18, 15-17). Doch er gebraucht als Einziger der Evangelisten statt des Wortes »Kleinkind« ein griechisches Wort *(brebis)*, das vor allem Ungeborenes, Neugeborenes heißt. Hier wird ein Gott gezeigt, der auch Ungeborenen seinen

Segen verheißt und zuspricht, der das Gute wünscht – schon im Mutterleib.

Ich möchte alle Frauen ermutigen, selbst nachzulesen, was die Bibel über Frauen, Schwangerschaft, Fruchtbarkeit, Unfruchtbarkeit sagt – jedoch nicht in erster Linie unter dem Aspekt eines Tun-Ergehen-Zusammenhangs (also Unfruchtbarkeit bzw. Fehlgeburt = wegen Ungehorsam bzw. = Fluch). Ich möchte dazu Mut machen, den Gott des Lebens zu sehen, der sich der Einsamen, Elenden und Unfruchtbaren erbarmt, der in seinem Innersten (Gebärmutter!) bewegt wird und dessen Segen auch den Ungeborenen gilt, der schon die Tage im Mutterleib zählt und der schon eine Berufung hat, noch bevor ein Kind geboren ist!

Gott ist ein Gott, der sieht, wirklich sieht – jeden Hauch von Leben!

*Sabine Herold*

# *Anhang*

# *Weiterführende Adressen/Informationen für Deutschland*

## *Anlaufstellen/Adressen*

Telefonseelsorge
www.telefonseelsorge.de
Telefon: 0800 - 111 0 111 oder: 0800 - 111 0 222

Kinder- und Jugendtelefon:
www.nummergegenkummer.de
Tel: 0800 - 111 0 333
Elterntelefon: 0800 - 111 0 550

Bundesverband Verwaiste Eltern in Deutschland e.V.
An der Verfassungslinde 2, 04103 Leipzig
Telefon: 03 41 - 94 68 884
E-Mail: kontakt@veid.de
www.veid.de

DOMINO- Zentrum für trauernde Kinder e.V.
Auf dem Broich 24, 51519 Odenthal
Telefon: 0 21 74 - 43 99
E-mail: info@DOMINO-trauerndeKinder.de
www.domino-trauerndekinder.de

Kontaktkreis für trauernde Eltern
Helga Beisel
Fuchsbachweg 1, 67378 Zeiskam
Telefon und Fax: 0 63 47 - 4 55

E-Mail: helga-beisel@leere-wiege.com
www.leere-wiege.com

TABEA e.V. Beratungsstelle für Trauernde, Berlin
Telefon 0 30-4 95 57 47
www.tabea-ev.de

Deutscher Kinderhospizverein e.V.
Bruchstraße 10, 57462 Olpe
Telefon: 0 27 61-94 12 90
E-Mail: info@deutscher-kinderhospizverein.de
www.deutscher-kinderhospizverein.de

Deutscher Hebammen Verband
www.hebammenverband.de

Bund freiberuflicher Hebammen Deutschlands e.V.
www.bfhd.de

# *Internetadressen*

## *Mit Informationen über die Gesetzeslage:*

Initiative Regenbogen »Glücklose Schwangerschaft« e.V.
Hauptgeschäftsstelle:
Westring 100, D-33378 Rheda-Wiedenbrück
Mit einer Liste von Kontaktadressen und Anlaufstellen:
www.initiative-regenbogen.de
Bietet auch Informationen zur Gesetzeslage.

www.stillgeboren.de/Sammlungen/Linkbegriffe
Diese Seite bringt eine Fülle von Informationen von A bis Z zu Abschied, Anlaufstellen, Beerdigung, Bestattung (Schwierigkeiten mit der Bestattung, mit ärztlicher Unbedenklichkeitserklärung), Fachbegriffe, Folgeschwangerschaft, Grabfelder, Linkliste, Literatur, Trauerrituale, Vätertrauer etc.

www.stillgeburt.de → Hilfen → Publikationen (ganz unten auf der Seite): zum Bestattungsrecht in der BRD und zum Mutterschutzgesetz (MuSchG)

www.postmortal.de → zur Titelseite → Tod in Recht & Ordnung → Das Bestattungs- und Friedhofsrecht in Deutschland

## *Weitere Adressen:*

www.die-muschel.de
www.sternenkinder-eltern.de

www.schmetterlingskinder.de
www.bestatter.de (Bundesverband Deutscher Bestatter)
www.kindergrab.de (katholischer Klinikseelsorger, der sich intensiv mit dem Thema Fehl- und Totgeburt beschäftigt)

## *Weiterführende Adressen/Informationen für die Schweiz und Österreich*

*Fachstelle Fehlgeburt und perinataler Kindstod*
Postfach 480, CH-3000 Bern 25
Info-Telefon: 0041 – (0)31- 333 33 60
E-Mail: fachstelle@fpk.ch
www.fpk.ch

*Hilfreiche Informationen über die Gesetzeslage in der Schweiz:*
www.fpk.ch → Betroffene Familien → Angebote
→ Rechtsinformationen zu Meldepflicht, Transport des toten Kindes, Bestattung, Mutterschaftsurlaub, Krankenkassenleistungen
→ Bestattung/Gedenkstätten: Informationen zur Rechtslage Bestattung, Grabfelder und Gedenkstätten für frühverstorbene Kinder in der Schweiz, Gedenkfeiern in der Schweiz

Auf der Seite der fpk finden Sie auch weitere Links für die Schweiz.

*Verein Regenbogen Schweiz*
Postfach
3297 Leuzigen
Tel. 0848-085 085
E-Mail: info@verein-regenbogen.ch
www.verein-regenbogen.ch (Selbsthilfevereinigung)

www.engelskinder.ch
www.scisma.ch (Stiftung für Eltern in Trauer um ein Kind)
www.elterntreffpunkt-girasol.ch

## *Adressen für Österreich*

www.stille-geburt.net
www.glueckloseschwangerschaft.at (Regenbogen Österreich)

# *Weiterführende Literatur*


Fritsch, Julie, und Ilse Sherokee: Unendlich ist der Schmerz … Eltern trauern um ihr Kind. Kösel Verlag, München.

Goldmann-Posch, Ursula: Wenn Mütter trauern. Knaur TB, 1990.

Schiff, Harriet S.: Verwaiste Eltern. 6. Auflage, Kreuz Verlag, Stuttgart 1997.

Schwizer, Viviane: Januarkinder. 2. Auflage, Unionsverlag, Zürich 1988.

Lutz, Gottfried, und Barbara Künzer-Riebel: Nur ein Hauch von Leben. Verlag E. Kaufmann, Lahr 1997 (Überarbeitete Neuauflage 2002).

Fallaci, Oriana: Brief an ein nie geborenes Kind. 19. Auflage, Fischer TB, Frankfurt 1995.

Flieger, Brigitte: Beim ersten Kind kam alles anders. Herder, Freiburg i. Br. 1994.

Palm, Gerda: Jetzt bist du schon gegangen, Kind. Don Bosco Verlag 2001.

Palm, Gerda/Salzmann, Han: »Gute(r) Hoffnung nach jähem Ende – Folgeschwangerschaften nach Fehlgeburt, Totgeburt, Säuglingstod«, in: GfG-Rundbrief, 1/97. (Über GfG – Gesellschaft für Geburtsvorbereitung erhältlich: Antwerpener Str. 43, 13353 Berlin.)

Borg, S./Lasker, J.: Glücklose Schwangerschaft. Berlin: Ullstein Verlag 1987.

Nijs, M.: Trauern hat seine Zeit. Abschiedsrituale beim frühen Tod eines Kindes. Göttingen: Verlag für Angewandte Psychologie 1999.

»Deine Hand – meine Hand« – Handreichung für Eltern. Hrsg.

vom Seelsorgereferat des Bischöflichen Ordinariats Rottenburg/Stuttgart, Postfach 9, 72101 Rottenburg.

»Eltern trauern um ihr totes, neugeborenes Kind« – Hinweise zur seelsorgerischen Begleitung. Arbeitshilfen 109, Sekretariat der Deutschen Bischofskonferenz, Kaiserstr. 153, Bonn.

Broschüre »Regenbogen«, zu beziehen über »Regenbogen« (Adresse s.o.).

Kushner, H.: Wenn guten Menschen Böses widerfährt. Gütersloh: Gütersloher Verlagshaus 1997.

Bode, Sabine/Roth, Fritz: Wenn die Wiege leer bleibt. Ehrenwirth Verlag 2002.

Ehlers, Christine, u. a.: Wenn das Leben mit dem Tod beginnt. Staude, Elwin-Verlag GmbH 1994.

Horn, Ute: Leise wie ein Schmetterling. Abschied vom fehlgeborenen Kind. Hänssler Verlag, Holzgerlingen 2005.

Marold, Inga und Thorsten: Immanuel. Verlag für Kultur und Wissenschaft, Dr. Thomas Schirrmacher, Bonn 1996.

Sommerhof, Barbara: Fehl- und Frühgeburten. Ursachen, Vorbeugung, Hilfen. Reinbek: Rowohlt, 1993.

Hahn-Lepper, Monika: Nicht zum Leben geboren. Trauerarbeit nach dem Verlust meiner Kinder. Frankfurt/M., Fischer 1990.

Die, Helga: Mein Kind ist tot. Trauerarbeit in einer Selbsthilfegruppe. Reinbek: Rowohlt 1988.